JN243438

シャツ／ Aymmy in the batty girls（本人私物）、ベスト／ PUNK CAKE（本人私物）、
パンツ、スニーカー／ともにスタイリスト私物、その他本人私物

シャツ¥7,000／PUNK CAKE
スカート¥3,500、ハット¥5,500／ともにGARDE-N730、その他スタイリスト私物

すべてAymmy in the batty girls（本人私物）

コート¥24,800／Little Sunny Bite

トップス¥4,000／PUNK CAKE、デニム¥5,900／GARDE-N 730

シャツ¥2,800、パンツ¥3,500／ともにGARDE-N 730、その他スタイリスト私物

NOTHING

すべて本人私物

CONTENTS

003 OPENING PAGE

LET'S GO ON AN AMERICAN TRAVEL!

012 FASHION

014 GIRLY POP
016 CASUAL
018 RETRO
020 COORDINATE KEYWORD
028 COORDINATE SCENE
036 AYUMI'S CLOSET

042 BEAUTY

044 AYUMI'S MAKE-UP / BASIC MAKE
048 COLOR MAKE
050 HAIR STYLE
052 SECRET OF BEAUTY

054 WORK & LIFESTYLE

056 AYMMY BRAND HISTORY
060 BATTY GARAGE BY AYMMYS SHOP REPORT
065 AYUMI'S DICTIONARY
088 BREAKFAST CLUB
092 AYUMI'S LIFE WITH CAMERA

098 MYSELF

100 AYUMI'S RECOMMEND CULTURE
104 AYUMI JOURNAL
110 AYUMI SETO & TONDABAYASHI RAN SECRET TALK
116 MESSAGE FROM FRIENDS
118 TELL ME! ABOUT AYUMI
120 INSTAGRAM SELECTION

122 KIDULT GIRL OFFSHOT

124 EPILOGUE

FASHION

朝起きてから、クローゼットを開けてうーんと腕組みする。
その日一日のスケジュールを考えながら。天気予報を見ながら。
そんな当たり前のことが、わたしにとっては至福の時間。
ファッションはわたしにとって、裏切ることのない絶対的な味方。

ワンピース¥24,800、ミュール¥7,800／ともにJumpin' Jack's
【周りの小物類】シューズ¥13,000／PUNK CAKE、ハットボックス¥5,200、ソックス¥3,800、ロゼット¥2,600／すべてKatie、コーム¥1,500、ハートディッシュ¥2,500、ボックス¥4,500、缶（参考商品）／Roretta's Room、レコード／Jumpin' Jack's、その他スタイリスト私物

GIRLY POP

ワンピース¥8,000、ハット¥6,000／ともにPUNK CAKE、ブーツ¥54,000／Katie

スウェット¥16,800／Little Sunny Bite、ワンピース¥28,800、パンプス¥37,000／ともにKatie、その他スタイリスト私物

ラグランTシャツ¥10,000 ／ l'ecole des femmes (Faline Tokyo)
その他スタイリスト私物

ジャケット、パンツともに¥5,900 / GARDE-N 730

ジャケット¥23,500、パンツ¥16,000／HARCOZA
シャツ¥6,000、帽子¥7,000、パンプス¥8,000／PUNK CAKE

シャツ¥6,000、ジャケット
（共布のスカートとセットで）¥15,000、
パニエ¥10,000／すべてPUNK CAKE、
シューズ¥26,000／PAMEO POSE

COORDINATE KEYWORD 1

SCHOOL

【スクール】

学園ものの洋画からそのまま出てきたかのような、アメリカンなスクールガールたち。
それはきっと一生すきなテイストで、わたしのミューズ的存在。

JACKET & SKIRT & BAG_VINTAGE
SHIRT_AYMMY IN THE BATTY GIRLS
SHOES_PRADA
SOCKS_AMERICAN APPAREL

CARDIGAN & SHIRT & HAT_AYMMY IN THE BATTY GIRLS
PANTS_PAMEO POSE
EYEWEAR_PEARL
SOCKS_SISTER

TOPS & SKIRT_UNIF
BAG_VINTAGE
SHOES_VIVIENNE WESRWOOD
SOCKS_AYMMY IN THE BATTY GIRLS

SHIRT & SKIRT & BAG & HAT_
AYMMY IN THE BATTY GIRLS

TOPS & SKIRT_AYMMY IN THE BATTY GIRLS
SHOES_DR.MARTENS
EYEWEAR_URBAN OUTFITTERS

TOPS & SHIRT & BAG & HAT_AYMMY IN THE BATTY GIRLS
SKIRT_VERYBRAIN
SHOES_CONVERSE
EYEWEAR_PEARL

JACKET_VINTAGE
TOPS & SKIRT_AYMMY IN THE BATTY GIRLS
SHOES_CONVERSE
EYEWEAR_ZOFF × RINA TANAKA

JACKET_RNA
SHIRT_AMERICAN APPAREL
SKIRT & EYEWEAR_VINTAGE

TOPS & SKIRT & HAT_
AYMMY IN THE BATTY GIRLS
SHOES_CONVERSE

TOPS & SHIRT & BAG & HAT_
AYMMY IN THE BATTY GIRLS

TOPS_PUNK CAKE
JACKET & SKIRT_AYMMY IN THE BATTY GIRLS
SHOES_CONVERSE
SOCKS_AMERICAN APPAREL

TOPS & HAT_AYMMY IN THE BATTY GIRLS
SKIRT & EYEWEAR_VINTAGE
SHOES_CONVERSE

KISS ME

COORDINATE KEYWORD 2

PLAID&BORDER

【チェック&ボーダー】

大すきな総柄。その中でもチェックとボーダーは永遠に着続けると思う。
柄アイテムを主役にしたメリハリのあるコーデに仕上げるのが気分。

ONE-PIECE_PUNK CAKE
PANTS & BAG & HAT_AYMMY IN THE BATTY GIRLS
SHOES_CONVERSE
EYEWEAR_ZOFF × RINA TANAKA

SET-UP & TOPS_AYMMY IN THE BATTY GIRLS
SHOES_ACNE
HAT_VINTAGE
EYEWEAR_SISTER

TOPS_STUSSY WOMEN
PANTS_VINTAGE
SHOES_K3&CO.
HAT_PUNK CAKE / EYEWEAR_SISTER

ONE-PIECE & BAG_
AYMMY IN THE BATTY GIRLS
SHOES_GRIMOIRE
HAT_PUNK CAKE

COAT & SHIRT & SKIRT & BAG & HAT_
AYMMY IN THE BATTY GIRLS
SHOES_MOVEIL

JACKET & PANTS & BAG & HAT_
AYMMY IN THE BATTY GIRLS
SHOES_DR.MARTENS

ONE-PIECE & BAG_
AYMMY IN THE BATTY GIRLS

JACKET_G.V.G.V.
TOPS & PANTS & BAG & HAT_
AYMMY IN THE BATTY GIRLS
SHOES_GRIMOIRE

JACKET & SKIRT & BAG & HAT_
AYMMY IN THE BATTY GIRLS
SHOES_PRADA

TOPS & PANTS_AYMMY IN THE BATTY GIRLS
SHOES_CONVERSE
HAT_VINTAGE
EYEWEAR_OWNDAYS
BELT_G.V.G.V.

TOPS & PANTS_
AYMMY IN THE BATTY GIRLS
SHIRT_VINTAGE
SHOES_VANS
HAT_LABRAT
EYEWEAR_MOSCOT

TOPS_URBAN OUTFITTERS
SHIRT & PANTS & HAT_AYMMY IN THE BATTY GIRLS
EYEWEAR_OWNDAYS

TOO CUTE

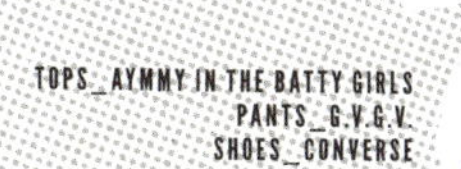

TOPS_AYMMY IN THE BATTY GIRLS
PANTS_G.V.G.V.
SHOES_CONVERSE

TOPS_SUPREME
INNER_AYMMY IN THE BATTY GIRLS
PANTS_ACNE
SHOES_CONVERSE

TOPS_AYMMY IN THE BATTY GIRLS
ALL-IN-ONE_THPRY+COLOR
SHOES_UNDERCOVER
EYEWEAR_PEARL

COORDINATE KEYWORD 3

DENIM

【デニム】

どんなテイストにもばっちり合うから、デニムの出現率は高め。
デニム×デニムもよくしてしまうくらいすき。

COAT & SKIRT & SOCKS_AYMMY IN THE BATTY GIRLS
TOPS_OLYMPIA LE-TAN
SHOES_CONVERSE
HAT_PUNK CAKE

SHIRT_VINTAGE
TOPS_GOOD MORNING GOOD NIGHT
PANTS & BAG & SHOES_AYMMY IN THE BATTY GIRLS

JACKET_JOUETIE
TOPS_LEVI'S
PANTS & HAT_
AYMMY IN THE BATTY GIRLS
SHOES_CONVERSE

TOPS & BAG & HAT_
AYMMY IN THE BATTY GIRLS
SKIRT_CANDY STRIPPER
EYEWEAR_LAZY OAF

TOPS_NEW YORK JOE
PANTS_SANTA MONICA
BAG_AYMMY IN THE BATTY GIRLS
EYEWEAR_OWNDAYS

PARKA & TOPS_AYMMY IN THE BATTY GIRLS
PANTS_SLY
SHOES_CONVERSE

TOPS & PANTS & HAT_
AYMMY IN THE BATTY GIRLS
SHOES_NIKE

SHIRT_LEVI'S
TOPS_AYMMY IN THE BATTY GIRLS
PANTS_K3&CO. × DICKIES

TOPS & SKIRT & HAT_
AYMMY IN THE BATTY GIRLS

COAT & TOPS & PANTS_
AYMMY IN THE BATTY GIRLS
HAT_LABRAT

JACKET & TOPS & BAG & HAT_
AYMMY IN THE BATTY GIRLS
PANTS_LEVI'S
SHOES_ACNE

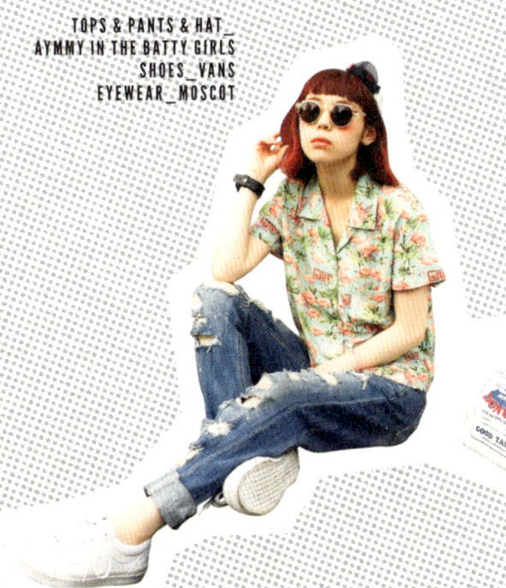

TOPS & PANTS & HAT_
AYMMY IN THE BATTY GIRLS
SHOES_VANS
EYEWEAR_MOSCOT

TOPS_AMERICAN APPAREL
ALL-IN-ONE_
AYMMY IN THE BATTY GIRLS
SHOES_CONVERSE
EYEWEAR_SISTER

TOPS & SOCKS_AYMMY IN THE BATTY GIRLS
SKIRT_VINTAGE
HAT_PUNK CAKE
EYEWEAR_WILDFOX

JACKET_CANNABIS LADIES
TOPS_PUNK CAKE
PANTS_AYMMY IN THE BATTY GIRLS
SHOES_CONVERSE
EYEWEAR_PEARL

COAT_CANDY STRIPPER
TOPS & HAT_AYMMY IN THE BATTY GIRLS
PANTS_ACNE
SHOES_VINTAGE
EYEWEAR_MOSCOT

TOPS & HAT_
AYMMY IN THE BATTY GIRLS
PANTS_ACNE
SHOES_UNDERCOVER
EYEWEAR_MOSCOT

TOPS_REGRUB
SHOES_DR.MARTENS
EYEWEAR_PEARL

JACKET & ALL-IN-ONE & HAT_AYMMY IN THE BATTY GIRLS
SHOES_UNDERCOVER

COORDINATE KEYWORD 4

ROCK

【ロック】

ライダース、バンドT、レザーブーツ……。とにかくロックテイストのアイテムはたくさん持っています。
あえてどこもはずさず正統派にキメたいな。

JACKET_CANNABIS LADIES
TOPS_PUNK CAKE
PANTS_ACNE
SHOES_DR.MARTENS

TOPS & SKIRT & CAP_
AYMMY IN THE BATTY GIRLS
SHOES_VANS

TOPS_AYMMY IN THE BATTY GIRLS
SHOES_K-SWISS
SKIRT & SOCKS_AMERICAN APPAREL

TOPS & SKIRT_
AYMMY IN THE BATTY GIRLS
SHOES_K3&CO.
SUN-VISOR_X-GIRL

TOPS & PANTS & CAP_AYMMY IN THE BATTY GIRLS
SHOES_CONVERSE

ONE-PIECE & CAP & BAG_AYMMY IN THE BATTY GIRLS
SHOES_K3&CO.
EYEWEAR_VINTAGE

COORDINATE KEYWORD 5

SPORTS

【スポーツ】

いろんなスポーツテイストがある中で、“テニスコートにいる女の子風”が一番すき！
思いっきりコンセプチュアルにするのが正解♡

TOPS_GOOD MORNING GOOD NIGHT
SKIRT_AYMMY IN THE BATTY GIRLS
BAG_PUNK CAKE / SHOES_CONVERSE
SOCKS_AMERICAN APPAREL / SUN-VISOR_X-GIRL

気づかれないように、
それでもどこかいつもとは違うわたし

デートの時はいつもより女の子らしさを意識！ 襟付きワンピースだったり、色を統一したキチンとコーデだったり。少しだけの気合いが大事。

One-piece_Verybrain
Shose_G.V.G.V.
Hat & Bag_Aymmy in the batty girls

Coordinate Scene 1

DATE

【デート】

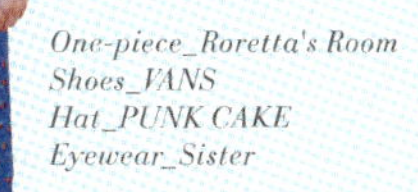

One-piece_Roretta's Room
Shoes_VANS
Hat_PUNK CAKE
Eyewear_Sister

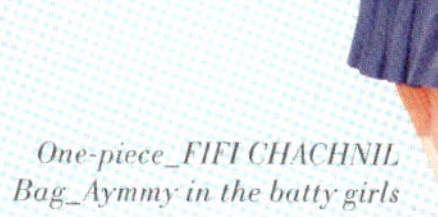

One-piece_FIFI CHACHNIL
Bag_Aymmy in the batty girls

Coat_Aymmy in the batty girls
All-in-one_jouetie
Hat_PUNK CAKE

Jacket & Tops & Skirt & Hat_
Aymmy in the batty girls
Shoes_Grimoire
Bag_VINTAGE

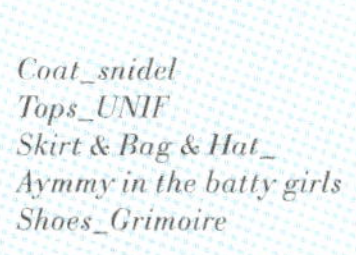

Coat_snidel
Tops_UNIF
Skirt & Bag & Hat_
Aymmy in the batty girls
Shoes_Grimoire

One-piece_Verybrain
Inner & Hat_
Aymmy in the batty girls
Shoes_Cry.

Tops & Pants_PUNK CAKE
Shoes_CONVERSE
Bag_Aymmy in the batty girls
Hair-accessory_GARDE-N730

アクティブな気分に合うのは
ヘルシーなギンガムチェック！

芝生がある場所には、なぜかギンガムチェックを着て行きたくなる！
きれいな芝生のグリーンとチェックのコントラストが素敵なの。

One-piece_Aymmy in the batty girls
Shoes_CONVERSE

Tops_NASTY GAL
T-Shirt_American Apparel
Pants & Shoes_Aymmy in the batty girls
Eyewear_Sister
[illegible]

Tops & Pants & Shoes & Hat_
Aymmy in the batty girls
Eyewear_MOSCOT

Tops_KINSELLA
One-piece_PAMEO POSE
Bag_Aymmy in the batty girls
Hat_PUNK CAKE
Eyewear_MOSCOT

Jacket & Set-up_
Aymmy in the batty girls
Shoes_K-swiss
Eyewear_American Apparel

Tops_VINTAGE
All-in-one & Bag &_
Aymmy in the batty girls
Shoes_K-swiss
Hat_SON OF THE CHEESE
Eyewear_OPENING CEREMONY

特別な夜を楽しむには、ちょっと背伸びしたおしゃれで

普段は履かないハイヒールも、パーティシーンには欠かせない！ アクセントになる小物をうまく取り入れて、おしゃれ度を底上げしたいな。

One-piece_UNIF
Shose_PAMEO POSE
Bag_G.V.G.V.

Coordinate Scene 3

PARTY

【パーティ】

Coat & Hat_
Aymmy in the batty girls
One-piece_
OPENING CEREMONY × Chloe
Bag_lilLilly

One-piece_PUNK CAKE
Shoes_Cry.

Tops_PUNK CAKE
Skirt & Hat_Aymmy in the batty girls
Shoes_G.V.G.V.
Tights_Vivienne Westwood

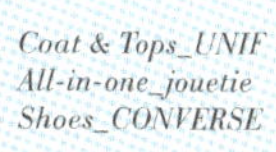

Tops & All-in-one_
PUNK CAKE
Shoes_G.V.G.V.

Coat & Tops_UNIF
All-in-one_jouetie
Shoes_CONVERSE

All-in-one & Bag_Aymmy in the batty girls
Shoes_G.V.G.V.
Eyewear_WILDFOX

Tops_Aymmy in the batty girls
Pants_VINTAGE
Shoes_k3 co.
Bag_lilLilly
accessory_LOVE BUZZ

Coordinate Scene 4

ALL DAYS

【すべての日】

1. Bag & Hat_PUNK CAKE / Shoes_PRADA / Eyewear_OPENING CEREMONY **2.** Tops & Skirt & Hat_Aymmy in the batty girls / Shoes_ACNE **3.** Tops & Shirt & Pants_Aymmy in the batty girls / Shoes_UNDERCOVER / Hat_PUNK CAKE **4.** Jacket & Tops & Pants & Bag_Aymmy in the batty girls / Shoes_Dr.Martens / Hat_PUNK CAKE **5.** Coat_VINTAGE / Tops & Pants & Hat_Aymmy in the batty girls / Shoes_CONVERSE **6.** Tops & Pants & Bag_Aymmy in the batty girls / Hat_LABRAT / Shoes_CONVERSE **7.** One-piece_REGRUB / Hat_PUNK CAKE / Shoes_Dr.Martens **8.** Tops_PUNKY × tondabayashiran / Pants_SueUNDERCOVER / Bag_Aymmy in the batty girls / Shoes_UNDERCOVER / Eyewear_Stussy Women / Accessory_PUNK CAKE **9.** Tops & Skirt & Hat_Aymmy in the batty girls / Shoes_CONVERSE / Eyewear_VINTAGE **10.** Tops & Hat_Aymmy in the batty girls / Pants_jouetie / Shoes_K-swiss **11.** Coat & Tops & Pants & Hat_Aymmy in the batty girls / Shoes_CONVERSE **12.** One-piece & Hat_PUNK CAKE **13.** Coat & Skirt & Hat_Aymmy in the batty girls / Tops_Olympia Le-Tan / Shoes_CONVERSE

A very merry Unbirthday to you!

毎日を楽しく過ごすために、毎日のおしゃれを楽しまなくちゃ。
何でもない日のコーデも、特別な日のコーデももれなくご覧あれ。

14. Tops & Skirt & Hat_Aymmy in the batty girls / Shoes_CONVERSE 15. Jacket & Pants & Bag & Hat & Globe_Aymmy in the batty girls / Coat_Candy Stripper / Tops_UNDERCOVER / Shoes_K-swiss / Eyewear_VINTAGE 16. Tops_KENZO / Skirt & Bag & Hat_Aymmy in the batty girls / Eyewear_OPENING CEREMONY 17. Jacket_jouetie / Shirts & One-piece_Aymmy in the batty girls / Shoes_Dr.Martens / Hat_PUNK CAKE 18. Jacket_RNA / One-piece_OPENING CEREMONY / Shoes_CONVERSE / Hat_Aymmy in the batty girls 19. Coat & Shirts & Bag & Hat_Aymmy in the batty girls / Tops_PUNK CAKE / Pants_ACNE / Shoes_CONVERSE / Eyewear_VINTAGE 20. Jacket & Tops & Pants & Hat_Aymmy in the batty girls / Shoes_Grimoire / Eyewear_WILDFOX 21. Tops & Hat_Aymmy in the batty girls / Pants_K3&co. × Dickies / Shoes_UNDERCOVER / Eyewear_Sister 22. Tops & Skirt & Hat_Aymmy in the batty girls / Shoes_UNDERCOVER 23. Cardigan & Skirt & Hat_Aymmy in the batty girls / Tops_UNDERCOVER / Shoes_Cry. 24. Jacket_VINTAGE / Tops_Olympia Le-Tan / Skirt_Aymmy in the batty girls 25. Coat & Bag & Hat_Aymmy in the batty girls / Tops_MILK BOY / Pants_Levi's / Shoes_ACNE / Eyewear_MOSCOT 26. Jacket & Tops & Skirt & Bag & Hat_Aymmy in the batty girls / Shoes_ACNE / Eyewear_WILDFOX 27. Tops_UNIF / Skirt_G.V.G.V. / Hat & Bag_Aymmy in the batty girls / Shoes_Dr.Martens / Eyewear_OPENING CEREMONY

毎日のおしゃれに欠かせない、主役級の小物たちを一挙大公開！

AYUMI'S CLOSET

DAILY BAG

DAILY BAG

その日のコーデと気分でチョイス。機能性はもちろんだけど、やっぱりデザイン性重視！

1.GARDE-N730　2.VINTAGE　3.THRASHER × Saki Sato　4.Aymmy in the batty girls　5.Present
6.Aymmy in the batty girls／outdoor　7.CONVERSE　8.Aymmy in the batty girls　9.VINTAGE　10.Aymmy in the batty girls

SPECIAL BAG

SPECIAL BAG

アクセサリー感覚で持てるバッグたちが集合！ パーティなどの特別なシーンにマスト。

1.VINTAGE 2.lilLilly 3.Aymmy in the batty girls 4.Aymmy in the batty girls ／ Disney 5.Aymmy in the batty girls 6.Aymmy in the batty girls 7.Aymmy in the batty girls 8.GARDE-N730 9.G.V.G.V. 10.PUNK CAKE 11.Aymmy in the batty girls

DAILY SHOES

DAILY SHOES

楽ちんなスニーカーが私の定番。特にコンバースLOVE！ これからもどんどん増えそうな予感♡

1.CONVERSE 2.VANS 3.mi adidas 4.adidas × X-girl 5.NIKE 6.CONVERSE 7.CONVERSE × Superman 8.CONVERSE 9.VANS 10.CONVERSE × Gremlins 11.CONVERSE (Dead stock) 12.CONVERSE 13.White atelier BY CONVERSE 14.CONVERSE 15.CONVERSE 16.New Balance × X-girl 17.VANS 18.VANS

SPECIAL SHOES

SPECIAL SHOES

気合いを入れたい日には、足元だって特別に。実は苦手なヒールも、せっかく履くならハイヒール！

1.ACNE 2.UNDERCOVER 3.Grimoire 4.MUVEIL 5.Dr.Martens 6.K3&co. 7.Vivienne Westwood 8.G.V.G.V. 9.K3&co. 10.PAMEO POSE 11.PRADA 12.Dr.Martens 13.Cry. 14.VINTAGE 15.UNDERCOVER 16.PAMEO POSE 17.UNDERCOVER 18.LAZY OAF × Kickers

HAT

HAT

気づけば毎日のコーデに帽子あり。ないとなんだか落ち着かない！ コーデのまとめ役なのかも。

1.PUNK CAKE 2.Aymmy in the batty girls 3.Aymmy in the batty girls 4.X-girl 5.PUNK CAKE 6.Aymmy in the batty girls 7.VINTAGE 8.KINSELLA 9.PUNK CAKE 10.Aymmy in the batty girls 11.Aymmy in the batty girls 12.PUNK CAKE 13.NIKE 14.Aymmy in the batty girls 15.Aymmy in the batty girls 16.Aymmy in the batty girls 17.LABRAT 18.Aymmy in the batty girls 19.Supreme 20.Aymmy in the batty girls 21.Aymmy in the batty girls 22.GOODNIGHT LITTLE POOL

EYE WEAR

サングラスとリップがあれば、お出かけできちゃう！ ないと困るファッション小物No.1。

1.Aymmy in the batty girls 2.American Apparel 3.Target 4.Stussy Women 5.Aymmy in the batty girls 6.American Apparel 7.WILDFOX 8.G.V.G.V. 9.TOPSHOP 10.VINTAGE 11.Owndays 12.Sister 13.American Apparel 14.PEARL 15.Zoff×RINA TANAKA 16.Zoff×RINA TANAKA

ACCESSORY

特に好きなのはキュートなモチーフアクセ。気に入ったものを見つけたら即GETします。

1.Vivienne Westwood 2.Candy Stripper 3.snidel 4.LOVEBUZZ 5.LOVEBUZZ 6.PAMEO POSE 7.PUNK CAKE 8.VINTAGE 9.PAMEO POSE 10.LOVE BUZZ 11.cikolata 12.LOVEBUZZ 13.SPIRAL 14.Psycho Apparel 15.SPIRAL 16.VINTAGE 17.UNDERCOVER 18.THE COBRA SHOP 19.Present 20.Psycho Apparel 21.Roretta's Room 22.UNDERCOVER 23.pe-poco 24.LOVEBUZZ 25.OPENING CEREMONY 26.OPENING CEREMONY

EYE WEAR / ACCESSORY

BEAUTY

食べたい時に食べたい量だけすきな物を食べる。
特に誰かといる時はそう。でも、後からきちんと清算する。
メイクは毎日のコーディネートと一緒。TPOに合わせる。
無理をせず楽しみながらがモットー。

頭につけたネックレス¥48,000／HARCOZA、その他スタイリスト私物

AYUMi´S MAKE-UP

わたしがしている普段メイク、シチュエーションに合わせてアレンジしたカラーメイクをご紹介。

ナチュラルな薄づきベースメイク、
ラインを強調した印象的なアイメイク、
発色のいいチーク&リップ。
デイリー使いのメイクは、メリハリ重視。

BASIC MAKE

あゆみフェイスの作り方を
プロセス付きで大公開しちゃいます!

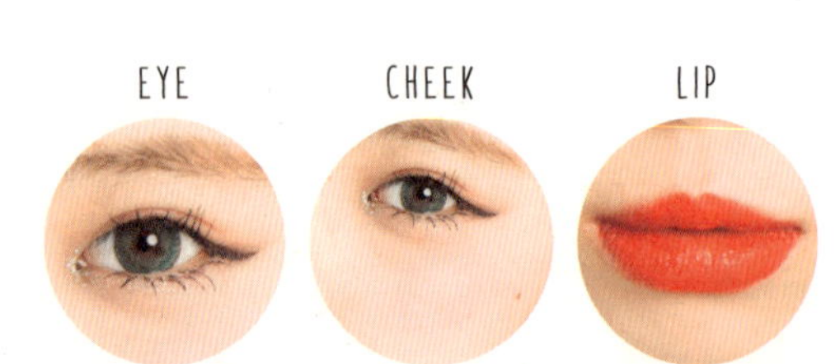

USED ITEM

A

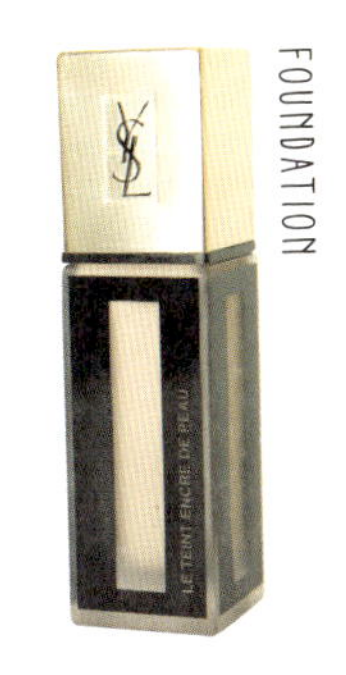

タン アンクル ド ポー #B10
イヴ・サンローラン

B

デザイニングアイブロウ N
ケイト

C

フラワークラッシュパレット 24M
イヴ・サンローラン

D

Go! Leopards ドラマティックアイライナー
明色化粧品

E

マジョリカマジョルカ ラッシュエキスパンダー
エッジマイスター（#BK999）
資生堂フィティット

F

グランディオーズ 01 ノワール ミリフィック
ランコム

G

KIRAAN メタルマジックライナー
OHYAMA

H

プレストチークカラー ピンク
レ・メルヴェイユーズ ラデュレ

I

リップスティック #レディデンジャー
M・A・C

PROCESS

1.

顔全体に ファンデーションを

Aを適量取り、鼻頭から両頬にかけて、内から外に広げてのばします。

A

2.

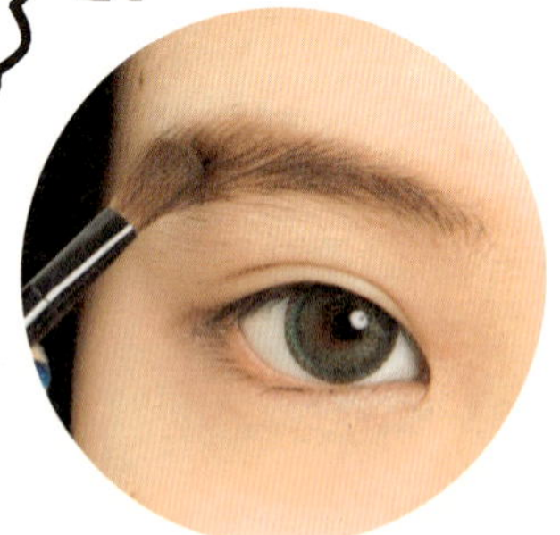

パウダーで 眉をカラーリング

Bの濃いブラウン☆を、眉尻から眉頭へかけてのせていきます。

B

3. PINK ON!

上瞼全体に アイシャドウをON

Cのパステルピンク☆を、目のラインより少し広めに塗ります。

C

4.

下瞼も同じように アイシャドウを

上瞼と同じく、下瞼にも☆を。目のキワより幅広めに。

C

5.

ブラウンで グラデーションを

Cのブラウンシャドウ♡を上瞼に沿って引いていきます。

C

6. LIKE CAT

アイライナーで 目幅を強調

Dを上瞼ライン上に。目尻より長く、はね上げるのがポイント。

D

7.

マスカラで上まつ毛を下から上にさっと上げる

まつ毛が下がりやすいので、キープ力があるEがマスト！

E

8.

下まつ毛に長さとボリュームを

自然とまつ毛が下がるよう重みがあるFを使用しています。

F

9.

目頭にラメをのせる

Gのラメ入りアイライナーで目元に主張を。

G

10.

ほんのりチークでほてり肌を演出

Hを黒目の下あたりから外側に向けて広げます。

H

11.

ルージュを唇へ塗って立体感を

Iを直塗り。中心だけ色味が濃くなるよう、端は指先でラフに馴染ませて。

I

12.

COLOR MAKE

レッド、オレンジ、ピンク…。今日の気分は何色かなぁ。

大人っぽいボルドーメイク。
気合いが入ってるときにするメイクかな。
ポイントは、チークを目の真下だけに置いて、広げすぎないこと！

EYE　CHEEK　LIP

1. レッドレンバル #645／メイベリンニューヨーク 2. エッジィカラーズ EC20／ドド・ジャパン 3. プレストチークカラー レッド／レ・メルヴェイユーズ ラデュレ

Orange

テーマは「おてんば少女」。
鼻の頭にのせた日焼け風チークがポイント。
ヘアはくしゃっと無造作に。

1. インジーニアス パウダーチークスN 10 オレンジ／RMK Division 2. フルメタルシャドウ／イヴ・サンローラン 3. クイーンズ・キー ワンダフルカラーアイライナー 08／ナチュラルコスメティックス 4. リップクレヨン LC10オレンジ／ドド・ジャパン

Pink

ロマンティックな雰囲気漂うガーリーメイク♡
ピンクシャドウとマスカラで目元華やか。
アイメイクとリップが強めなので
チークは控えめに。

1. パールマット フェイスパウダー ヴェロニカズ ブラッシュ／M・A・C 2. リップ クレヨン301／アナ スイ 3. カラーポイントマスカラWP CM30ピンク／ドド・ジャパン 4. SATINPINKオークル A52／M・A・C 5. プレスドアイシャドウ ホワイト／シュウウエムラ

HAIR STYLE

わたしのヘアスタイルの歴史を辿ってみた。 それにしても髪色変わりすぎかも…（笑）。

2012.4

2012.6

2012.7

2012.8

2012.10

2012.10

2012.11

2012.11

2013.1

2013.4

2013.5

2013.9

2013.10

2013.10

2013.12

2014.5

CHANGE IS GOOD

2014.7

2014.10

2014.10

2014.11

2014.11

2014.11

2014.11

2015.2

2015.3

2015.4

2015.5

2015.7

2015.7

2015.8

2015.9

2015.9

SECRET OF BEAUTY

至福のバスタイム、最近はまっているランニングがスタイルキープ法

1. シャワージェリー リフレッシャー／ラッシュ 2. サボンプティキャレ／サボネリーズアンドカンパニー 3. ディアムーン バスソルト ラベンダー／ノルコーポレーション 4. ソープビーンズ ブルーベリー・レモンライム／ノルコーポレーション 5. エルバビーバ バスソルト／スタイラ 6. ボディミルク／フィフィ シャシュニル 7.8. 洗隊レンジャー あか・みどり 入浴剤 エクスペリメンター／ともにラッシュ 9. バスソルト ミントティーの香り／チャーリー 10. ボディソープ ボヘミアン／ラッシュ

BATH

基本は夜に入るけど、できれば1日2回入りたいくらいお風呂ずき。お風呂上がりには必ず、リビングで足のマッサージを。足の裏から太ももの付け根にかけ、撫でるようにリンパを流し、足首からふくらはぎ、膝、太ももを揉んでいきます。むくみが取れるし、リラックスして眠れるよ。

1. パーカ 2. インナー 3. ランニングシューズ 4. タンクトップ 5. トレーニングベスト 6. ランニングシャツ 7. パンツ/すべてNIKE

RUNNiNG

わたしが走ったら周りが面白がるかな?と思い(笑)、
今年の2月に始めたランニング。
気が向いたとき、家の近所を、30分(4km位)走ります。
道に迷うのが好きだから、コースは決めずに気分のままに。
有酸素運動で体力つけて、健康になれたらいいな。

WORK & LIFESTYLE

Aymmyデザイナーのわたしと、モデルのわたし。
2軸のわたしが存在するためには、仕事だけでなくいくつもの時間が必要。
だいすきな友達と食べる特別な朝ごはん。一息つくためのコーヒー。
ストレス発散の料理。仕事終わりのご褒美ビール。
できるだけ丁寧に暮らしていきたい。

ジャケット、パンツ（セットで）¥5,900 ／ GARDE-N 730

AYMMY BRAND HISTORY

デザイナーを務める「Aymmy in the batty girls」のブランドスタートから、最新コレクションまで。その全貌がここに集結！

Aymmy in the batty girls is...

アメリカ・カリフォルニア出身、在住の17歳。空想の女の子Aymmyの名前には、あゆみの“AYM”が隠されています。名前にYを付けると“かわいい”という意味があるのを知り、「AYMの理想の女の子＝Aymmy」が誕生しました。
そんなAymmyのファッション、趣味、友人、環境などのライフスタイルを投影したAymmy in the batty girlsでは、どこにも媚びない、独自の感性でアメリカンカルチャーを軸とした、ポップとエッジをミックスさせたストリートスタイルを展開中！

2014 SPRING

GIRLS IN ROCK'N'ROLL HIGH SCHOOL

巨匠ロジャー・コーマンの映画に出てくるような、ロックなハイスクールに通うAymmy。授業中なんて関係なくスピーカーから流れてくるラモーンズのナンバー、大すきなスケボー、大好物のハンバーガー、友達のチアガール、好きなものばかりに囲まれてハッピー＆クレイジーなスクールライフをエンジョイ中！

2014 SUMMER

MERRY VACATION

待ちに待った夏休み。Aymmyはサンフランシスコでホテルを経営するおばあちゃんの家に、遊びに行きます。優しいおばあちゃんに思いっきり甘やかされて、なんだか子どもに戻っちゃったみたいな気分。ド派手なプリントものだってたくさん着たい！ ポップだけどどこかノスタルジックな夏を過ごします。

2014 AUTUMN & WINTER

MIDNIGHT RUDE PARTY

なんとAymmyに恋の季節が到来！ 気になる彼はバンドをやってるクールな男の子。Aymmyは彼に会うために、ママに内緒でこっそりと家を抜け出して、夜な夜なパーティへと繰り出すのです。パーティには刺激がいっぱい！ ちょっぴり大人ぶりたいけれど、自分らしさも忘れないAymmyの初恋ストーリー。

2015 SPRING & SUMMER

GANG GIRLS

仲良しの女友達と3人で、最高のガールズバンド“THE AYMMYS”を結成！ 性格だけでなく、ファッションも個性的なKathleenとVeronicaのストーリーを落とし込んだアイテムも展開。

Dr. Kathleen

ドラム担当のKathleen。男勝りで負けず嫌い、タフで短気でケンカっ早い。メンバーの中では一番しっかり者。エッジィ、ボーイッシュ、ストリートなスタイル担当。

Vo.&Gt. Aymmy

ボーカル＆ギターのAymmy。マイペース、自由奔放ですきなものにだけ没頭してしまう。気まぐれ。子どもっぽい。スポーツ、スクール、アメカジ担当。

Ba. Veronica

ベース担当のVeronica。街一番のお金持ちでわがまま娘。セクシーで小悪魔的魅力から、男の子にモテモテ。ガーリー、大人っぽい、上品なスタイル担当。

2015 SUMMER

LAZY POOL MOTEL

夏、とりたての免許とパパから譲り受けた70年代の車でロードトリップにお出かけ。ロード66を車で走らせ、偶然たどり着いたのはレトロなモーテル。そこでなぜだかオーナーに気に入られ、バイトをすることになる。受付をしたり、ダイナーで料理を運んだり、大半はプールで遊んだり。のんびりリラックスした、リゾートコレクション。

2015 FALL

GHOST WORLD

自分たちの住んでいるロサンゼルスの町を退屈だと感じたバンドメンバーのKathleenは、映画「GHOST WORLD」のイーニドに憧れ、Aymmyを誘いバスに乗って町を飛び出した。そして二人は人の誰もいないGHOST TOWNに迷い込んでしまう。ハロウィンを意識した、すこし不思議なフォールコレクション。

2015 WINTER

HELLO! BROAD CITY

VeronicaのNYの別宅で冬休みの間過ごすことになったKathleenとAymmy。富裕層の友達とパーティ三昧のVeronicaに、グラフィティアートの魅力に取り憑かれヒップホッパーと仲良くなったKathleen、アイススケートをしたり自由気ままに一人遊びを楽しむAymmy。個性豊かでまるで協調性のないTHE AYMMYSの3人が、初めての都会の街で思い思いに過ごす。

BATTY GARAGE BY AYMMYS SHOP REPORT

2015年3月、ラフォーレ原宿にオープンした「Aymmy in the batty girls」がプロデュースするセレクトショップ
「BATTY GARAGE BY AYMMYS」。
コンセプトキャラクター・エイミーが、友人のヴェロニカ、
キャスリーンと一緒に自宅のガレージで始めたセレクトショップをイメージして作りました。
わたしのこだわりがたっぷり詰まった店内をご案内します♡

トップス、スカート／Aymmy in the batty girls、その他本人私物

WELCOME

週1はお店に足を運んでディスプレイをチェンジ

居るだけでワクワク楽しい気分になれる空間が作りたくて、店内には私物やアメリカで買い付けたアイテムを展示。ショップに訪れるときには、ひそかに配置や組み合わせを変えています。

特に気に入っているのは2つの大きな棚

商品とともに、ヴィンテージショップやアメリカで調達した雑貨を飾ってます。わたしの好きなDVDや本もさりげなく置いてるから探してみてね。

**レジカウンターは
まるでおもちゃ屋さん！**

アメコミヒーローのフィギュア、E.T.やGizmoのぬいぐるみ、マクドナルドのハッピーセットのおまけ……、気付かない人も多いけど、ここも全部売り物です。

☆☆☆☆☆

**原宿のスパイラルで
購入したE.T.ボード**

E.T.公開10周年記念のときにトイザらスで発売されたキックボード。これも自宅から持ってきた私物です。

\ EXCITING /

**難易度高い！？
ピンボールマシーン**

Aymmyの展示会でリースして気に入ったのでお店にも置くことに。どんどんボールが落ちてくから結構難しいんです！100円で遊べるゲームなんだけど、実はタダでできるのでお越しの際にはぜひ（笑）。

あちこちにアメリカのスーパーの商品が！

歯ブラシ、スポンジ、洗剤、スープ缶など、実際に現地のスーパーで買った商品がずらり。カートもあります。こういうアメリカの日用品を置くことで、リアルな本場の雰囲気を演出しています。

☆☆☆☆☆

隅々までアメリカンテイストの小道具たちが

アメリカのスクールをイメージしたロッカー、ダイナーのテーブルによくあるジュークボックスなどなど、細部まで見逃さないで！

BATTY GARAGE BY AYMMYS

ACCESS：東京都渋谷区神宮前1-11-6 ラフォーレ原宿4F
TEL：03-6804-2134
OPEN：11:00～21:00

AYUMI'S DICTIONARY

Illust ♡ TONDABAYASHI RAN
Photo & Text ♡ AYUMI SETO

A

【a / A】

AYMMY

わたしがデザイン、ディレクションを手がけるブランド。
2014年春にスタートした。わたしの妄想からエイミーちゃんが生まれ、
毎回のシーズンテーマが生まれ、お洋服たちが生まれている。
わたしが普段最も尽力しているお仕事である。
2015年春にラフォーレ原宿にお店ができた。
これからも店舗を増やしたいという夢がある。

B

【b／B】

BEER

仕事帰りに友達とカレーを食べながら飲むのが至福。
次の日が休みの日にひとりで部屋を暗くして映画を見ながら飲むのもまたオツ。
これを書いている今は、よく晴れた世間が連休のとある一日で、
公園の芝生の上に寝転んで飲むのに焦がれずにはいられない。
用例：「とりあえずビールで！」

【c/C】

COFFEE

飲むとひと息つける。
朝起きて仕事に向かうまでに。仕事の合間の息抜きに。
誰かとのごはんのあと、もう少し話したい時に。
いつもどこでもラテを頼みます。

COOKING

料理の盛り付けは、お洋服をコーディネートする時に似ている。
彩りプラスでトマトをのせるのは、モノトーンのワンピースに
赤の差し色でベレー帽を被るのと同じだ。だから楽しい。
作り出すのがストレス発散にもなる。忙しい時こそ作りたくなる。
わたしがなりたい女性像は、優しくて料理が上手な女性。
まだまだ修業の身である。

D

【d / D】

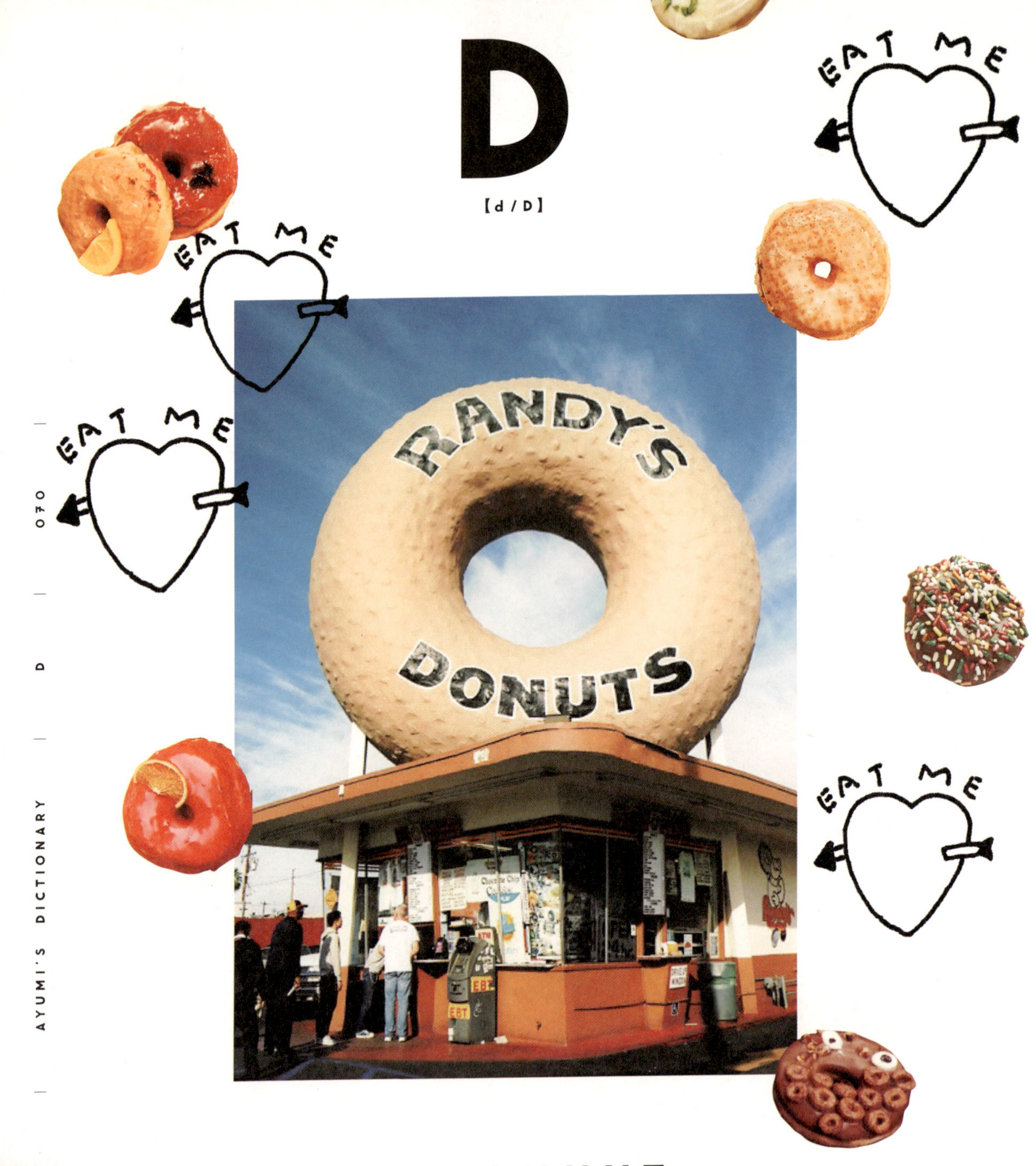

DOUGHNUT

おいしい。楽しい。だいすき。
L.A.を車で走っていると本当に多くのドーナツ屋さんを見かける。
アメリカ中で一番多いのってドーナツ屋さんなんじゃないのかな。
そしてそのどれもがおいしい。雑で小汚いお店でも必ずおいしい。
ドーナツ大国アメリカ、うらやましい。

【e / E】

My favorite friend.

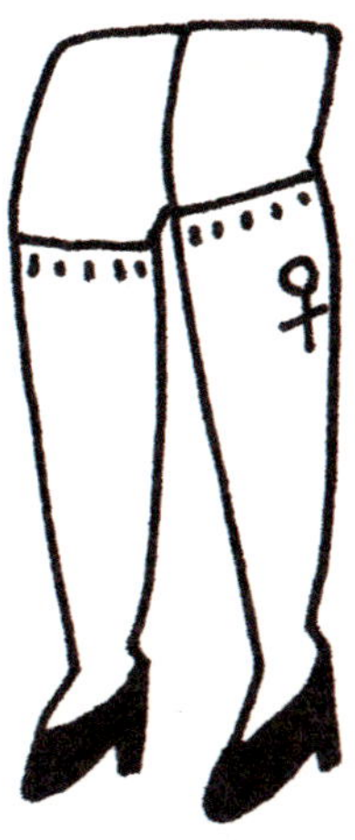

E.T.

数多くのファンを持つ映画。名作中の名作。
ストーリーは言うまでもなく最高。
アメリカ好きとしては映画の随所に、
あの時代のアメリカの一般家庭の情景が垣間見られるところもたまらない。
あの、自転車の名シーンはいつ観ても涙してしまう。
わたしの愛車はKUWAHARAのE.T.モデル。赤いパーカを着て空を飛びたい。

F

【f/F】

FRIENDS

友達。仲間。唯一無二の存在。辛い時そばにいてくれる存在。
喧嘩しても“ごめんね”で許し合える存在。
楽しいことを共有する存在。
感謝してもしきれない。いつもありがとう。
用例：「（失恋した友達に対して）オトコ一瞬ダチ一生！だよ！」

She

G

【g / G】

women like to be a man's last romance.

GLASSES

めがね、サングラスのこと。
目が悪いので家では度入りのめがねだが、
ここではファッション的なGLASSESの方を指す。
冬以外のシーズン、大抵サングラスをして家を出る。
自分の顔に自信はないが、
サングラスをかけていると堂々としていられる。
めがねはコーディネートのアクセント。
ギークに見せたい時、優等生ぶりたい時、
メイクをサボった時にもかける。

GIZMO

欲しい。ひたすら欲しい。涙が出るほどかわいい。
映画を何度も観ては、欲しい気持ちを募らせている。
ギズモのぬいぐるみは年代ごとに顔が違うが、
わたしは古い時のあんまりかわいくないやつがすき。

H

【h / H】

I love you.

HAMBURGER

きっとわたしの血や骨や肉の半分はハンバーガーでできているでしょう。
それくらいよく食べるしそれくらいすきだ。
死ぬ前に何が食べたいかと聞かれれば、
THE GREAT BURGERのハンバーガーと答えるだろう。
用例：「I am a Hamburger Queen.」

I

【i / I】

IDENTITY

アイデンティティ＝自己同一性。自分とは何かということ。
4年前の1月。"今年の抱負" がテーマの書き初めで、"アイデンティティの確立" と書いた。
その1年、実際にわたしは本当に真剣にそれを考えた。
それを探すために映画をたくさん観たし、音楽を聴き、本を読み、旅に出かけた。
そして今、Aymmyというブランドをやって、『KIDULT GIRL』という本を作ってる。

J

【j / J】

JOY

わたしにとっての歓び。何かを作ること。
洋服をデザインして作ること。スタイリングをしてショーを作ること。
撮影をして、文章を書いて、本を作ること。
その先に待っていてくれるひとがいると、さらに歓びは2倍に膨らむ。

K

【k / K】

KIDS FASHION

童顔で、ポップでカラフルなものがすきで、アメリカのこどものような格好をしていたら、
いつの間にかわたしのスタイルはこう呼ばれるようになっていた。
最近は、少し違う。すきなものが増えた。何でも着るようになった。
でも、“大人になったね” と言われると、まだすこし違和感。
違うの、って否定してしまう。だから、KID + ADULT なのである。

L

【l / L】

LOVE

すきなひとには急いですきと言う。普段大切にしていること。
その時生まれた気持ちを、何事もなかったことにするのは悲しいことだ。
でも、愛しているひとには、じっくり考えてから言う。
愛しているよ、と。

M

【m / M】

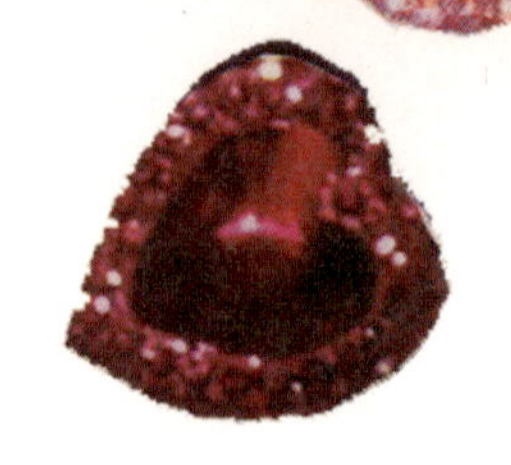

MOTHER

ママ。
わたしは基本、誰かに守ってほしい、
と思うタイプの、母性本能のあまりないタイプの人間なのだが、
逆に、ママにだけは違う。地球一、守ってあげたい存在。
ママが嬉しそうにしているとわたしも嬉しいし、悲しそうだと悲しい。
わたしの頑固なところは、確実にママ譲りだと思う。
いつかはママの心の広さと強さを譲り受けられるかな。
ママ。会いたくなってきた。

N

【n / N】

NIGHT

夜型か朝型かという問いがよくある。
BREAKFAST CLUBというものを結成しておきながら、
わたしは完全に夜型人間。
夜からどこかに出かけると、
自分は無敵だという錯覚に陥ることがよくある。
22歳になっていながら、いまだにすこし悪いことをしているような、
そんな甘美な魅力が夜にはある。
まあ、美容のためには、早く寝たいんだけど。

【o/O】

OBSESSION

妄想。妄想。妄想。

わたしがわたし以外の誰かになれたなら……。よくそんな妄想をする。

なってみたい人ランキング。

1位、バットマンのジョーカー。

2位、ROCK'N'ROLL HIGH SCHOOLのリフ・ランデル。

3位、マイケル・ジャクソン。

【p / P】

PICNIC

天気のいい日に、外で、できるなら芝生の上で、
レジャーシートを広げて食べたり飲んだりすること。
気の合う仲間とシャボン玉もあるほうが楽しい。
屋外でごはんを食べるという行動が狂うほどすきみたい。

where
is
he?

PANCAKE

薄くて甘じょっぱい、
アメリカンスタイルなものしか認めない。
ふわふわの分厚いパンケーキだなんて言語道断。
アメリカにいる時は
毎朝パンケーキを食べるんだけど、
「パンケーキを一緒に焼こう（朝まで一緒にいよう）」
って口説き文句、しゃれてるよね。

Q

【q / Q】

QUESTION

日々の疑問。
本当におばけはいるのかな？
地球以外に生命体はいるのかな？
世界平和は実現するのかな？
よく食べ物についてる「生」って何だろう？

【r / R】

ROCK

音楽のジャンル。
ロックと一言にいってもすごく大きいけど、
わたしは主にガレージ・ロックやパブ・ロックみたいな
粗削りでシンプルにかっこいいサウンドが一番すき。
最近レコードを聴き始めて、すこしずつ集めている。
部屋のキャパシティを考えたら
ちょっとまずい趣味になりそう。
引越ししようかな……。

RELAX

解放感。お気楽。息抜き。芝生の上で寝転ぶこと。L.A.で出会う人々。
家に帰ってマーチンの10ホールを脱いだとき。
この原稿を部屋に篭って一日中書いて、途中でドーナツを食べに行くこと。
用例：「……長期的リラックスした〜〜〜い。」

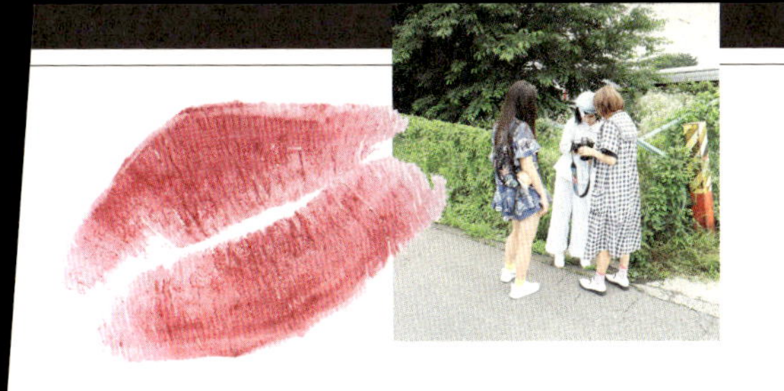

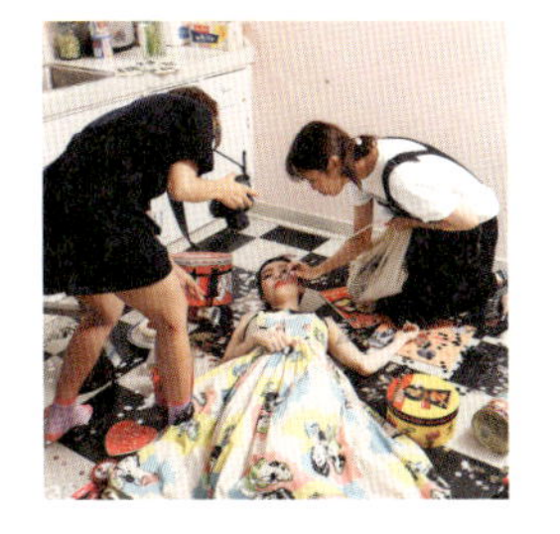

SHOOTING

撮影。モデル業での主な仕事。
カメラの前でポーズをとったり表情を作るのは、楽しい。
違う自分になれたようで。
撮影の前日はいつもすこし緊張する。
顔がむくまないようお酒は飲まない。
半身浴をしてなるべくその時のベストな体重で臨む。
クマができないように睡眠時間もしっかりと。
でも、次の日が大事な撮影であればあるほど寝れなかったりして困る。
実に繊細な性格。というか、小心者。

T

【t / T】

TWENTY-TWO

瀬戸あゆみ。現在22歳。
この間ふと、あることを思った。
「人生って思ったより長いのかも?」
その瞬間、目の前の混沌がスーッと消えていった。
さて。これから何をしようか。

U

【u / U】

USA

わたしのアメリカずきは、実は古着から始まっている。
16歳の時、雑誌の撮影で大量の洋服たちの中から、
自分が何を着たいのか、探さなくてはいけなかった。
その時、無意識に惹かれて選んでいたものが、アメリカの古着。
そこからハンバーガーに飛び火し、映画にいき、音楽にいき、
今やファッションからライフスタイル、カルチャーまでもアメリカの虜に。
今の人生の目標は、本気で、"L.A.に住むこと"。

24

3

V
【v / V】

VINTAGE

古いものがすき。ルーツがあるものがすき。
この間実家の引越しをして、自分の部屋のもの、全部捨てようと思っていたけど、
やっぱり今、昔のものがいいと思っちゃうわたしのことだから、このおもちゃとか、このぬいぐるみとかも、
きっと数十年後かわいく思えたりするのかなって思うと、結構荷物増えた。懐古主義万歳。

W
【w / W】

WINK

ウインク。いつ頃からできるようになったのだろう。
最初はできなかったが、撮影でカメラマンさんに、「ウインクできる？」と聞かれ、
人知れず練習していたら、いつの間にかできるようになっていた。
それ以来、写真を撮る時、何かにつけてウインクしてしまう。ちなみに左目でしかできない。

X

【x / X】

XOXO

"キス＆ハグ"。よくメールの最後に使う。
これを聞くと、ゴシップガールを思い出す。
日常に、抱きしめたいほどすきなものは溢れている。
そんなものに囲まれて日常を送れている今に、感謝感激雨霰。

Y

【y / Y】

YELL

応援。声援。励まし。
辞書では声に出すことをエールというと書いてありましたが、
声に出さなくても、ちゃんと届いています。
この本を手に取ってくれたということは、
それだけで、わたしにとって、あなたからのエール。
ありがとう。

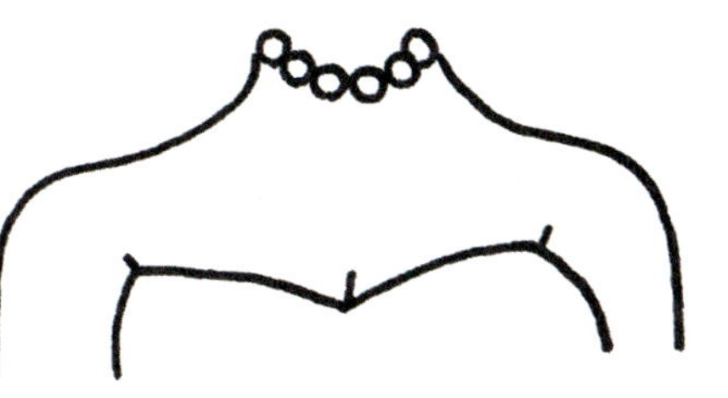

【z / Z】

ZINE

読み方はジン。出版社や街の本屋と関係なく、すきなように作った本のこと。
PUNK CAKEのふたりとひかりちゃんと蘭姉ちゃんが協力してくれて、今年の夏初めてZINEを
作って販売した。スタイリングがPUNK CAKE×Aymmyということで、名前は"PANKY"。
わたしたちのは、フォトショとイラレを頑張って使い、印刷会社にお願いしたけど、
もっと簡単でよくて、自分で写真を撮り、絵や詩を書き、プリンターで印刷して、
ホチキスでまとめれば、それは立派なZINE。また絶対作りたいなあ。

Breakfast Club

Breakfast Clubとは「朝早く起きて、友達と会ってごはんを食べる会」のこと。
名称は大好きなジョン・ヒューズ監督の青春映画から拝借！
朝早く起きて活動すると、丁寧に暮らしている感じがして幸せな気分になれちゃうんです。
実は朝に弱いわたし、だからこそさらに特別な時間だと感じるのかも。多いときで週1で活動！ 旅行先での活動率も高め。

親友の茜ちゃんとLe Pain Quotidienで、バナナスプリットグラノーラ&クロワッサン！

記念すべき1回目の活動は、Good Morning Cafeにてトースト。

San Francisco Peaksのサンドイッチは、リンゴとルッコラ入り。味も食感もいい感じ。

パンケーキを作ってみました。お店に負けじとイチゴとブルーベリーを贅沢にオン！

ファーマーズマーケットのパン祭り。美味しそうなものが多すぎて困る！

DEAN & DELUCAのドーナツは、しっかり甘くてこのサイズでも満足感大♡

ロサンゼルスのUncle Bill's Pancake Houseは海が見えてロケーション最高！ そこで食べたブルーベリーパンケーキ。

WORLD BREAKFAST ALLDAYの本格的なイギリスの朝食＆ロシアの朝食プレート。
朝ごはんで旅行気分が味わえちゃう！

代々木上原のカタネベーカリーのポタージュは優しいお味。
にんじんラペでヘルシー。

AYAちゃんと一緒にサンフランシスコのTartine Bakery!
たっぷりチーズのサンドイッチやクロワッサンをシェア。

自宅で作ったフレンチトースト。ヨーグルトとグレープフルーツでさっぱり味に。

大すきなツインズ、mamちゃん mimちゃんと
THE Original PANCAKE HOUSEに。
ここのバナナシロップがかかったパンケーキが大好き。

公園でラジオ体操したあとに飲む Monmouth Teaのミルクティーは最高。

Breakfast Clubの発足メンバー、茜ちゃんとハル。大好きな二人。
それぞれ高校生の時に友達になった二人を、
この会で引き合わせたんだ。

代々木八幡のルヴァンのカンパーニュは、
大根とチーズのちょっと変わり種。かなりボリューミー！

NYのFive Leavesのフルーツたっぷりパンケーキ。
上にのっているコクのある甘いバターが絶品♡

THE DECK COFFEE & PIEではもちろんパイを食べないと！
ダークチェリーのパイにアイスクリームを添えて。

ロサンゼルスのGo Get Em Tigerで
頼んだワッフルには、
うれしいスクランブルエッグのおまけ付き。

ニューヨークのThe Smileで食べたエッグエニースタイル。この日はスクランブルエッグをチョイス。

中田クルミちゃんとSHARED TERRACE（現在閉業中）にて。まんまるフレンチトーストは見た目もかわいい！

AYUMI'S WI CAM

瀬戸あゆみ、「ミラーレス
わたしを取り囲む美しい
心惹かれるものを日々

LIFE TH ERA

一眼」始めてみました！
もの、愛おしいもの、
撮ることに夢中です。

Four Barrel
BUZZ
OLD SCHOOL
OLD SCHOOL
HOUNZ
57
TOMCAT
CAT-CHUNKS
Skunkist
SUNDA
A WEE
OF F
UNITED ARTISTS

瀬戸あゆみ
使用カメラ

FUJIFILM X-A2

（レンズ：XC16-50mm、XC50-230mm）

自分撮りに最適！ スタイリッシュなデザインのミラーレス一眼カメラです。モニターが回転する175度チルト式液晶、瞳オートフォーカス、自動美肌モードで自分撮りが簡単きれい。料理やアクセサリーの撮影も、7cmまで近づけるオートマクロ機能で失敗なし。もちろん、本格的な写真作品も美しく撮れる。
http://fujifilm-x.com/x-a2/ja/

すきな映画や音楽や本のことを聞けば、だいたいその人がわかる気がする。

旅の記録もまた然り。

だから初めて話す人、これから仲良くなりたい人には、そんなことを聞く。

あなたのルーツは？　なにがすきなの？　気が合うといいけど。

ワンピース¥12,000／Aymmy in the batty girls

AYUMI'S RECOMMEND CULTURE

わたしが生きていく上で欠かせない、映画、本、音楽。ここでは、特にお気に入りの作品について本気で語り尽くします。

MUSIC

The Sonics
"HERE ARE THE SONICS!!!"

60年代のアメリカのガレージ・パンクの元祖。古きよきロックンロール。堪らなくすき。彼らのファーストLPが1965年に発表されたこれ。今から50年も前だが、未だに色褪せずかっこいい。絶叫シャウトが満載。このアルバム、1曲漏らさずかっこいい。こういうバンドがもっともっと今の日本にも増えてほしいな。

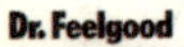

Dr.Feelgood
"Down By The Jetty"

Dr.Feelgoodがすきです、と言うと、渋いね〜と言われる。だからこそ、この本を読む大半が若い女の子であろうことを想定して、今ここで、おすすめしたい。ミッシェルの古いインタビュー映像でメンバーの全員がおすすめしていたのを観て、聴いてみたという、ミーハーなきっかけで恥ずかしいが、初めて聴いた時、そのかっこよさに驚いた。パブ・ロック界の神様。そう呼ぶのに相応しい。今の若い女の子がDr.Feelgood聴いてたら、きっと萌えるなあ〜〜〜。見た目がちょっと男臭くてあんまりスマートな印象ではないんだけど。とにかく、本当にかっこいいから、一聴してみてほしい。

THE ROOSTERS
"THE ROOSTERS"

初期の頃の、骨太なロックサウンドがすき。触れたら切れてしまいそうな鋭さ。大江さんの気だるい歌い方も、一発録りの荒々しい演奏も。リアルタイムではないのですが、なんだか聞いているとすごく切ない気持ちになってしまう。男の子でもないから、"こんな体験したな"っていう共感できる歌詞でもないんだけどね、情景は思い浮んでくる。初めて聴いた時から、もうずっと前から知ってるようにすっと入ってきた。

THEE MICHELLE GUN ELEPHANT
"cult grass stars"

ミッシェルのアルバムはどれもすきなのだが、今回は、メジャーファーストアルバムをご紹介。60年代から70年代のパブ・ロックの傾向が強い。シンプルで、荒削りなロック。初期のミッシェルは、後期よりもポップでキャッチー。このアルバムはまさにそうで、「strawberry garden」や「I was walkin' & sleepin'」の歌詞がかわいらしくてだいすき。チバさんがまだシャウトしていない時代。わたしはどちらもすき。デビュー曲でありながら最強の曲、"世界の終わり"も収録。解散ライブでラストに演奏された。DVDは持っているけど、ミッシェル解散の時、瀬戸あゆみ、小学三年生…。この時のわたしに教えてあげたい。

Nikki and the Corvettes
"Nikki and the Corvettes"

この音楽のラインナップで、ひとつだけ浮いているかもしれない。BATTY GARAGEでも流しているし、Aymmyのファッションショーでも使ったことがある。むしろ、わたしのイメージとか、Aymmyのイメージ的には、こういうバンドをたくさん紹介したほうがよかったのかも……と思ってしまうくらい、どんぴしゃ。（わかってるけど、渋いと言われようが、他の4バンドも聴いて欲しかったんだもん。）Nikkiを聴いてると、ポップな遊園地のローラーコースターに女の子たちが乗ってはしゃいでる情景が思い浮かぶ。最高にキュートな歌声で、ポップで、曲はパンキッシュで、かっこいい！ Nikkiみたいなバンドの影響で、Aymmyのお友達、KathleenとVeronicaは生まれた。女の子が3人並ぶとすごくかわいく見えるのはなぜだろう。

BOOK

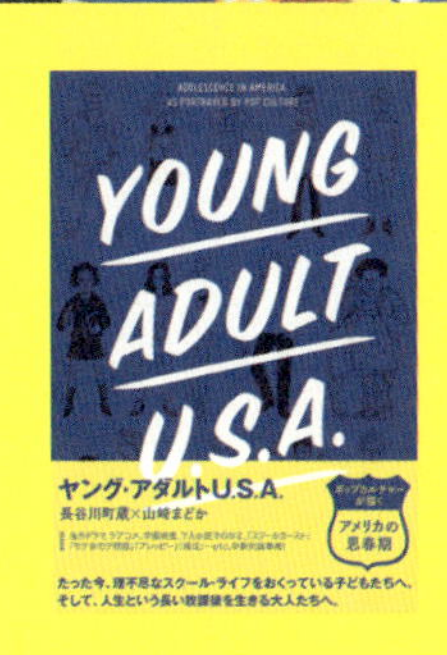

YOUNG ADULT U.S.A.

わたしがすきでたまらない、この映画のジャンルは何なんだろう？という問いを、“High School U.S.A.” で明白にしてくれた山崎まどかさん、長谷川町蔵さんのお二人が今年出された書籍。前回同様、対談形式で、読みやすく、学園物にあまりまだ馴染みがない方でも気軽に読めるのではないかと。情報量がかなりあるので、ガイドブック的に、次はこれ見よう、とかって目星をつける楽しみ方もおすすめ。実はお二人のツイッターもフォローしていて、今まで何度かトークショーに行く予定も立てているくらい（実際は仕事が入ってまだ一度も行けていない）、憧れの存在なんです。わたしも5年後くらいには、ここまで語れるほどの知識量と感受性と語彙力を身につけたい。

キッチン

わたしにとって初めての吉本ばなな作品。本屋で見かけ、ママが昔読んでいたことを思い出し、改めてちゃんと読んでみたのは、つい1年前の話。それ以来、薄い文庫本を持ち歩き、何度も読み返している。細かい部分の描写のどれもが、情景を思い浮かべさせ、懐かしい気分にさせてくれる。まるで経験したことがあるような共感さえ得られる。だからきっとこの本はどの世代にも読み継がれているのだと思う。そして、所々が寂しくて優しい文章なのだ。わたしは、なぜか心がしゃんとする。丁寧な気持ちになる。

キャッチャー・イン・ザ・ライ

特にストーリーがどうってわけではない。主人公ホールデンが、延々と、一人称で感情をすごい勢いで語ってくる。読み始め、彼のすべてを否定してくる姿勢にすこし嫌気がさしたが、読み進めていくうちに、なんとなく思春期の時の自分を思い出すような感覚に陥った。大人たちを敵視し、自分にしかわからないだろうけど、なんて、周りをすこし見下していた時期……。今思い返すと恥ずかしい。誰だって、（ホールデンほどこじらせてはいないと思うが）思春期を通ってきたはず。そこを理解して、途中で辟易せずに読んでほしい。これを書ききったJ.D.サリンジャーは、やっぱりすごい人です。

チバユウスケ詩集 ビート

普段多くを語らないチバさんの脳内の片鱗が見れたような、ファンにとっては堪らない1冊。直筆の歌詞や絵たちも、味があっていつまでも見ていられる。あとがきでは、滅多に見られない人間らしい一面が本人の言葉で綴られている。こうして1冊の本にまとめあげることによって、あの歌詞が、ひとつの詩になるのだなあと感心。チバさんの紡ぐ言葉たちには、熱くて、冷たくて、ワイルドで、ロマンチックな、唯一無二の、不思議な世界観がある。チバユウスケという人間がより好きになった。ちなみについこの間、2冊目の詩集『モア・ビート』が発売になった。もちろん購入済みである。今度も手に届く場所に置き、ふとした瞬間に何度も読み返そうと思う。

こどものおもちゃ

通称こどちゃ。このラインナップの中でひとつだけ浮いているかもしれないが、あえて入れた。前回のわたしの本では、少女漫画では矢沢あい先生を推しまくったが、他にも意外と少女漫画は読んできた。そして、その中でも、こどちゃはかなりおすすめできる。老若男女、今でも絶対に楽しんでもらえるはず。流行っていた世代は違うが、わたしも主人公の紗南ちゃんと同じ年齢の時に初めて読んだ。だから、当時は紗南ちゃんに強く強く憧れた。正義感が強く、かわいくて、人気者。学校と芸能界という二足の草鞋を履いている。そんなキラキラした紗南ちゃんと、クールで闇を持つ羽山。少女漫画の金字塔である。読んでいると、作者の小花先生のキャラ愛を感じられるはず。いい作品。

PERK

普段わたしがリアルにとてもよく読んでいる雑誌。どんな雑誌を読みますか？とよく聞かれるので、ここで回答。隔月で出ているのですが、定期購読しています。ターゲットは“オシャレ好き＆遊び好きな都会のアクティブガールズ”。載っているアイテムこそハイブランドのものも多いけど、スタイリングはストリートMIXでカルチャーを感じさせるものだったりして、そこがすき。誌面でもよく見かける、“ダウンタウンガールズ”という言葉もすき。

すべて本人私物

MOVIE

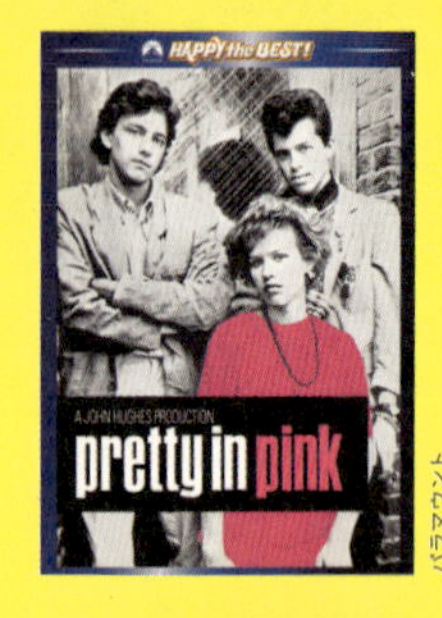

パラマウント

Pretty in Pink

ジョン・ヒューズ脚本作品はどれも大好きですが、特にファッションが印象的な映画。お金がないからとチープだけど古着や小物などを工夫しておしゃれを楽しんでいるアンディのセンスが秀逸。この、リングウォルド演じる主人公のアンディの個性的なファッションと不機嫌フェイスがかわいくてたまらない。わたしの中でのこの映画のもう一人の主人公であるダッキーは、ファッションやヘアスタイル、そしてアンディに対するまっすぐすぎる愛など、性格的にもわたしのタイプの男の子どんぴしゃ。ああいう男の子がそばにいたら絶対すぐすきになっちゃう。ダッキーのプロムパーティでの決断にはいつ観ても泣かされる。

定価：¥5,400　品番：DABA-4585
販売元：KADOKAWA／角川書店

わたしはロランス

初めて観たグザヴィエ・ドラン監督の作品。上映時間は2時間超えと長めだがその長さを退屈と感じさせない。音楽と映像のセンスに脱帽し、展開のアップテンポさに夢中になった。終わらないでと思った映画。この映画を観た時、ロランスのフレッドに対する愛情深さに圧倒され、わたしは果たしてここまで強く人を愛せるかどうかと悩んでしまった。以後ドランの作品は毎回欠かさず見ています。いつも切ない。そこもまたいい。しかし、ドランはどうして23歳（この時）で、こんなにも大人な恋愛の10年を描けたのだろうか……。彼の才能には本当に感心する。

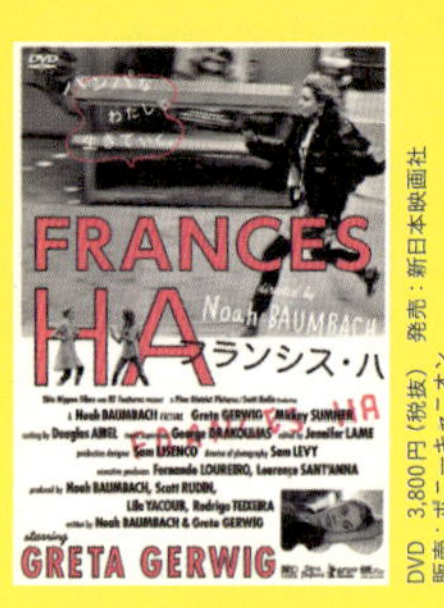

DVD　3,800円（税抜）　発売：新日本映画社
販売：ポニーキャニオン

フランシス・ハ

NY、ブルックリンが舞台の白黒映画。主人公のフランシスはとても等身大な女性。親友のソフィーに依存気味で、彼氏に一緒に住もうと言われても迷わずソフィーをとるフランシス。しかしソフィーはあっけなく違う友達とのルームシェアを決めてしまう……。このシチュエーション、とても現実的。こんな一方通行なことって、恋愛以外にもよくあるなあと。バレエダンサーを夢見てもう27歳。万年研究生。ですが、夢を諦めきれません。そんな前向きなフランシスを観ていると、元気をもらえます。

ザ・ロイヤル・テネンバウムズ

わたしにとって初のウェス・アンダーソン監督作品がこれ。観る前から、多分、すきなんだろうなあと思っていたら、見事にハマりました。会話やストーリーの流れのテンポのよさ、どこを切り取ってもセンスのいい映像、音楽、ちりばめられたシュールな笑い。それから、アンダーソン監督作品には、どれも、温かみがあるのだ。家族関係の縺（もつ）れや溝などを修復しないできてしまったために、皆さまざまにおかしな方向へ向いてしまったテネンバウム家の人々。その登場人物の誰もが個性的でとても愛おしいです。（この作品は特にすきで、実は、マーゴのいつも着てるボーダーのワンピースにそっくりなものをAymmyで作ったくらい。別にその時のシーズンテーマに合わせたものではなかったから誰にも言わなかったけど。いつかこの映画、シーズンテーマにしたいな。）

Welcome to the Dollhouse

この映画は……本当に痛い！！ パッケージのポップさやドーンのファッションのダサカワさに惹かれて観たけれど、観た後しばらくひきずる。なぜならこの映画は、決して美化されない、本当にイケてない中学生の生き地獄のような青春の物語だから。そしてそれが始まりから終わりまで、ずっと続くから。ドーンは、ブスで、ダサくて、成績もそんなによくなく、性格も……な、いじめられっこ。スクールライフの中で底辺なのは理解できるけど、家族の中でも妹ばかりかわいがられ、あまり相手にしてもらえない。かわいそう……。でも、なぜかシーンごとのドーンが、印象深くて忘れられないんだよなあ……。

パラマウント

クルーレス

クルーレス（＝ダサいこと）が嫌い、おしゃれとパーティにしか興味のない主人公シェールは、自分にとって相応しい車やボーイフレンドを選び、センスのよさが一番大事な女の子。でも、クラスメイトや義理の兄との関係性により、人間的に成長するお話。90年代のアメリカの、リアルなティーンエイジャー。携帯電話やパソコンを使いこなしている。この映画は、とにかく、ファッションに注目すべき。そして、主人公シェールのキュートさにも。おしゃれを本気で楽しんでいるような女の子が、わたしはすごくすき。わたしも自分自身いつもいつまでもそうでありたいと思う。シェリーに憧れて、おしゃれを好きになってくれるよう、たくさんの女の子に見てほしい。

17歳のカルテ コレクターズ・エディション
DVD ¥1,410（税抜）
発売・販売元：ソニー・ピクチャーズ エンタテインメント

17歳のカルテ

タイトルと同じ、わたしが17歳の時に初めて観た。まだ邦画の方をたくさん観ている時期で、洋画のことはあまりわからず、先入観のまったくない状態で観た作品だった。アンジーの危なっかしげな演技、凶暴で時々妙に色っぽい表情などに、高校生ながらに強く惹かれた。その後、いろいろな映画を観ていく中ですごくすきになった女優ウィノナ・ライダーがこの映画の主人公だとあとあとわかった。無垢なティーンのわたしには鮮烈で、強烈で、いろいろなシーンがトラウマのように目に焼き付いている。でもそれが癖になって、またしばらく経つと観てしまう。そのたびにあの時と同じ気持ちになれる。つくづく映画ってタイムカプセルみたいだ。

カッコーの巣の上で

生とは何か、人間らしさとは何か……考えさせられた作品。作中の精神病棟の患者たちは皆、閉鎖された院内で、のうのうと、ぬくぬくと生きていた。そこに破天荒な主人公マックが現れて、お前らそれでいいのか的な感じで一石を投じる。自由が欲しくないのか、って。でも、自由って、みんなの憧憬の的だけど、実際とてつもなく重たいものなのだ。もしもすべてが自由になった時の、その責任たるや。きっとどこかに属して、何かしらに縛られて、ルールに則って、みんなそうやって生きている。なぜってそれが楽だから。それは本当の自由とは言えない。でも、じゃあ、本当の自由なんて欲しいのか？　すべてから離脱して一人ぼっちで生きるのか？　衝撃のラスト。とても切ない。良作です。

スタンド・バイ・ミー　BD　¥2,381（税抜）
発売・販売元：ソニー・ピクチャーズ エンタテインメント

スタンド・バイ・ミー

名作すぎて、今回わざわざわたしが紹介する必要があるのかどうかも迷ったけど、やっぱり、いいものはいいから、おすすめしたい。この間アメリカから帰ってくる飛行機の中で、コーラとスナック菓子を食べながら観た。クラスに4人全員こういうタイプの男の子、いたな。ぽっちゃりで鈍臭く弱虫なバーンタイプ、キレやすくキレると何をするかわからないテディタイプ、正義感強くリーダー格のどこか大人びたクリスタイプ、おとなしくて勉強ができるけどちょっとはぐれ者のグループに属しているゴーディタイプ。クリスタイプの男の子は、大人になったらどこで何をしているのだろう。（作中ではとても彼らしい勇敢な最期を遂げていた。）ぜひとも出会いたいのだが……。

マイ・ガール　BD　¥2,381（税抜）
発売・販売元：ソニー・ピクチャーズ エンタテインメント

マイ・ガール

この映画のことを思い出すだけで、甘酸っぱくて、切なくて、心がプチプチと千切れそうになる。映画の背景は70年代初頭、アメリカ。ノスタルジックな雰囲気なのもまたいい。印象に残っているのは、美容師のシェリーが暮らしているエアストリームや、ベーダの自転車のサドルについたひらひら（わたしもつけている）、汚れたコンバースにデニムにシャツをイン、キャップのトムボーイなファッション。ストーリーはネタバレしたくないのであまり触れない。何も予備知識なく（元々わたしは映画を観るときは予告も評価も見ずに感覚で気になったものを観ることが多い）、あの展開になるまで、ほのぼのとニコニコしながら観ていた。かわいく愛おしくて、ぎゅっと抱きしめたくなるお話。

© FINDLAY PRODUCTIONS LIMITED 2012

ゴッド・ヘルプ・ザ・ガール

久しぶりに、帰り道にスキップして帰りたくなるような作品に出会った。ストーリーは実に単純なのだが、音楽とファッションが、究極にレトロポップでかわいい。イヴのファッションと歌声。ジェームズの音楽フリークさと内気さ。キャシーの天真爛漫さとオレンジの自転車と同じ色のヘルメット。個性のバランスも最高。この3人が出会えたことは、奇跡的に幸福なことだったと思う。爽やかで、青々しい、ボーイミーツガールなお話。わたしも、歌って踊れたらな。どんなに楽しかったかなあ。今年の夏、あまり楽しいことができなかったが、この映画に出会えたからよしとしよう。サントラ購入を、LP版で考えている。

バットマン

わたしがおすすめしたいのは、1989年の、ティム・バートン監督のバットマン。最近のクリストファー・ノーラン監督の方も、かっこいいし、面白いことは確かなんだけど。こちらのバットマンは、やっぱりティム・バートンらしく、映像にお伽話のようなかわいらしさがある。ジャック・ニコルソンが怪演するジョーカーが、本当に魅力満載。すっごい不気味だし、狂気的なんだけど、その悪事のすべてにこだわりがあって、芸術的なセンスに脱帽。ファッションもおしゃれ。前にL.A.のフリーマーケットで等身大くらいの大きなパネルを見つけて、頑張って日本に持って帰って部屋に飾ってるくらい。このキャストで続編が観たい。

クレジット表記のないものはすべて本人私物

"どうしてアメリカにいると、
こんなにエナジーが
湧いてくるのだろうか?"

特にL.A.は、
わたしにとって特別な場所。

リラックスした人々。
いつでも快晴の、
高く青い空。

どこにいても見える、
のっぽなパームツリー。

いつかは、毎日海に落ちる夕陽
を見て、1日を終える…

そんな日々に焦がれている。

L.A.

Ayumi Journal

毎日ブログとは別に、日記を書いている。
そんな日記の中から、その時その場所で感じて記した文章を抜粋した。
アメリカのすきな町をそれぞれわたしなりにご紹介。

様々な人種が集まり、
様々なカルチャーが日々生まれ、
流行りも ルーツも
すべてが凝縮された街。

まだ見ぬかっこいいものが
たくさんある街。

NYC

年末。ひとり旅。

海からも山からも自然にほど近く、
NYやLA.みたいに大都市ではない。

地産地消を大事にする、
地元のローカル店ばかりの小さな町。
掘れば掘るほどいい店がでてくる町。

Port Land

Palm Springs

Palm Springsの
ACE HOTELは、天国だ。
朝起きて、プールサイドで朝ごはん、
そしてそのままプールにどぼん。
照りつける日差し。
強めのカクテル。
日常からの逃亡。
最高！

San Franciscoに着きました。

ホテルの部屋を開けたら、窓が開いていて、
風で気持ちよさそうにカーテンが揺れていて、
外からレール電車の鐘の音がしていて。
さっきまでの移動の疲れが癒されたので、いまから
ここで読書することにした。
その瞬間、瞬間にふさわしいことを選んで、
しっかり感じて生きていきたい。
旅が改めて教えてくれた。

Sedona

全米1美しい町で、
一生忘れない景色を見た。

眼前に広がるレッド・ロックに、
昇る朝日。
胸に刻もう、刻もう、とするあまり、
まばたきをたくさんした。
こういう景色を、たくさん見たい。

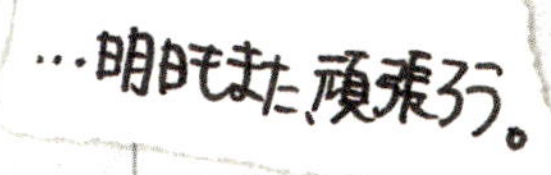

AYUMI SETO & TO
SECRET SECRE

NDABAYASHI RAN
T SECRET TALK

瀬戸あゆみ × とんだ林蘭
スペシャル対談

「蘭姉ちゃん」こと、アーティスト・とんだ林蘭さんとのマシンガントーク！
互いの作品作り、実現したい夢、きわどい恋愛話まで語り尽くします。

ABOUT AN ENCOUNTER WITH AYUMI & RAN

瀬戸あゆみ（以下、あゆみ）　わたしたちが出会ったきっかけは原宿の古着屋さん「PUNK CAKE」だったよね。オーナーのキンジさんのInstagramに蘭姉ちゃんが載ってて、そこから蘭姉ちゃんのInstagramに飛んだら、作品がたくさん載ってて。その作品にすごい惹かれたから、キンジさんに「どんな人なんですか!?」って聞いたのが最初で。

とんだ林蘭（以下、蘭）　わたしもキンジさんを通してあゆみちゃんを知って、めっちゃかわいいと思ってた。わたしもあゆみちゃんも「PUNK CAKE」に通ってたから、いつか会うかもなっていうのはなんとなく思ってたんだけど。そういう期間が結構あったよね。

あゆみ　うん。でも3か月くらいかな？

蘭　最初に会ったのはZINEを作った時だったよね。コラージュとかイラストをZINEの中に入れてほしいっていう依頼があって、ミーティングで会ったのが初対面。

あゆみ　うん。実は、蘭姉ちゃんの存在を知ってから、すぐにZINEに作品を使わせてほしいって思ってたんだ。

蘭　そうなんだ！　すごい嬉しかった。でも最初はすごい緊張した（笑）。

あゆみ　こっちもすごい緊張してたけどね（笑）。蘭姉ちゃんの作品を見ていると、いい意味でトゲトゲしくてエッジーな作品が多いから、ツンとした人なのかなと思ってて。

蘭　それはよく言われる（笑）。

あゆみ　実際に会ったら、すごい気さくで優しいお姉さんだったから、会えてホントに嬉しかった。

蘭　それはわたしもだよ。イケイケな人なのかと思ってた。その頃、髪も真っ赤っかだったし。

あゆみ　でも性格はいたって地味なんです（笑）。

蘭　最初に会った時にすごく楽しかったから、「また会いたいなぁ」って思ってたんだけど、その何日かあとに、「鍋やるんで来てください」って誘ってくれたじゃない？　あれもすごく嬉しかったなぁ。いきなり家に行っていいの!?って(笑)。

あゆみ　そうだね。あそこで一気に距離が縮まったよね。

蘭　プライベートな話もたくさんして。

あゆみ　そうそう。わたしは、「この人は大丈夫だ！」って思った瞬間にすごいスピードで心を開いちゃうんだよね。警戒心もあまりない（笑）。大人から「もっと用心しなさい」って言われたことがあるくらい。蘭姉ちゃんにはまさにそんな感じで、すぐにオープンになれたんだよね。作品を見ただけでは人間性はわからないけど、会ったら絶対いい人だなって。しかも、その1週間後にまた会ったよね。

蘭　会ったね（笑）。また鍋やろうね。

ABOUT CREATION

蘭　あゆみちゃんは「Aymmy in the batty girls」のデザインは一人でやってるの？

あゆみ　そう。でも、最終的にはグラフィックに起こすんだけど、わたしはパソコンを使ってグラフィックとかできないから、そういう作業や生産管理をしてくれる人がいて。もともとの発想はわたしなんだけど、その人が加えてくれるアイデアもあるんだよね。蘭姉ちゃんは作品を作る時、どれくらい時間をかけるの？

蘭　わたし、すごく速いんだよね。時間はかけない。日をまたげない。すぐに形にして、すぐに発表しないと気が済まないのね。絵の具で描いて、乾かないと色が重ねられないなっていう作品でも、「早く乾いて！」って感じになっちゃって（笑）。アイデアを溜めておくことができないのかもね。

あゆみ　すぐにアウトプットしていくタイプなんだ。わたしもアーティストやりたくなってくるなぁ。

蘭　あゆみちゃんだってアーティストじゃん（笑）。

あゆみ　全然違いますよ。

蘭　あゆみちゃんが物を生み出す時の思考回路ってどうなってるの？　日常的に考えてる？

あゆみ　普段は本当に気にしてない。わたし、本当に服がすきで、おしゃれすることがすごいすきなのね。そのために生きてるくらいの楽しみ方をするタイプで。パーティに行くならこの服、今日はハンバーガー食べるからこの服って、毎日考えて、明日はどんな服を着るのか考えるだけでワクワクして朝が来るのが楽しみなくらい。毎日ずっと変わらずにそのテンションを保ち続けられるから、勉強のために展示会に行くとか、お店に服を見に行くとかではなく、普通に服がすきで見にいくのね。だから、普段はデザインのことは何も考えてない。

蘭　ある意味考えてるのかもしれないよ。仕事と思っていないってことだよね。

あゆみ　うん。思ってない。だからデザインの締め切りを言われたその時から期限までが仕事。その間しかわたしはデザイナーをやってない。

蘭　でもそれって、すごくよくない？　普段は自由にファッションを楽しんで、仕事にそれをギュッと込めるというか。仕事にしつつ、ワクワクできるなんて素敵だよね。

あゆみ　ただ、仕事となるとデザインになっちゃうじゃないですか。わたしが普段やってて楽しいのはコーディネートしてそれを着ることなのね。コーディネートして人に着てもらうのもすごくすきで、もともとはスタイリストになりたかったの。高校生の時の若造の夢だけど、スタイリストになろうと思って専門学校に行こうと思ってたくらいで。

蘭　そうなんだ！

あゆみ　読者モデルを始めた『Zipper』っていう雑誌自体、自分でコーディネートを考えてっていう雑誌だから、それが軸になってて。デザインもコーディネートベースで考えてるんだよね。最初にコーディネートした状態で人が服を着ているイラストを描いて、そこから、それぞれの服のデザインを煮詰めていくようなやり方だから。蘭姉ちゃんは、どんな時にアイデアを思いつくの？

蘭　人といる時はオフにしてるけど、一人でいる時に思いつく。例えば今、この部屋に一人だったら何か作ってると思う。

あゆみ　じゃあ、1日1回は必ずInstagramに作品をアップしているけど、何時にアップする！とか決めているの？

蘭　決まってないね。1日に1回アップするというのも決めてないんだよね。ただ、何もせずに寝てしまうということはできないかも。昨日も仕事のデザインをやってて、終わったらすぐに飲みに行きたいと思ったんだけど、「今日は仕事以外の作品を何も作ってない！」って思っちゃうんだよね。だから、速攻作って飲みに行く……みたいな（笑）。

あゆみ　えぇ〜！　速攻作るとか、毎日作るっていう上で、妥協はないの？

蘭　作って載せないものもあるよ。これは見せたくないなって。自分の中でのOKラインを超えたものしか載せない。

あゆみ　なるほど。じゃあ、その中でもすきなものとそうでもないなっていうものもある？

蘭　そうだね。だいたい時間が経つと嫌いになる（笑）。昔の作品とかあまり見たくなくなる。一番新しいものが好き。

あゆみ　その感覚すごくわかる。日々、すきなものが増えていってるからなのかな。服だったら流行もあるしね。

蘭　「次はこうしたいな」っていう目標は何かある？

あゆみ　リアルな次の目標は国内で店舗を増やすこと。全国的に店舗を増やして、最終的にはL.A.にお店を出したくて。将来はL.A.に住みたいと思ってるのね。本当はすぐにでも行きたい。

蘭　そういう思いがあるのに、すぐに行かないのはなぜ？

あゆみ　日本で仕事があるから。特にAymmyは少人数でやってるから、わたしが日本にいないと回らないことが多くて。向こうで仕事できたらいいけど、システムがまだわからないし。蘭姉ちゃんの夢は？

蘭　健康で長生きって感じかなぁ？

あゆみ　ははは（笑）。アーティストとは思えない発言。

蘭　あはは（笑）。毎日、楽しければ大丈夫っていう感じなんだよね。今の仕事を始めたのは3年前くらいなのね。自分で「こうなりたい！」って言ってやってるわけじゃなく、あれよあれよという間に今に至っていて。人から仕事をもらって、やって。自分は毎日作っているだけだから何も変わってないし、楽しければ、広がっていくんだなぁって。たぶん、作ってなければあゆみちゃんとも出会ってないしね。

あゆみ　そうだよね。そういう出会いは多そう。つまり、才能だね。

蘭　楽しいから今もやってるんだなって思う。

あゆみ　いいなぁ。わたしも「とんだ林蘭」になりたい！

ABOUT LOVE

蘭　普段はこんなに真面目な話しないよね（笑）。

あゆみ　うん。だいたい恋愛の話（笑）。

蘭　二人とも恋愛体質だから。会うと「最近（恋愛）どう？」っていう感じだもんね。

あゆみ　「いい人いないよ」とか、切ない話をしたり、昔の波瀾万丈な話をしたり。できればわたしは恋愛では流浪したくないんだけどなぁ。わたしの周りの人は、いろんな人と付き合って、いろんな人を見て、最終的に運命の人と出会って幸せになりたいって言うんだけど、わたしは違う。すぐにでも運命の人に出会って決めたい。

蘭　それは幸せな話だよね。早くからそういう人と出会えたら、いろいろと時間を共有できるから。早く結婚している方は、それがうらやましいよね。

あゆみ　たくさんの人と恋愛しなくても、本当に大事な運命の人とすぐ出会って、ずっと一緒にいられたら幸せだよね。

蘭　すごくわかるけど、なんか違うことになっちゃうんだよね。「えぇっ！」みたいなことで終わったり……。

あゆみ　今、蘭姉ちゃんはすきな人がいないんだよね。

蘭　そう。わたし、初恋が幼稚園で、その頃から常に恋してたんだよね。だから今って、すごいレアな状態。ネタがない。あゆみちゃんの理想のタイプってどんな人なの？

あゆみ　殴っても怒らない人。

蘭　ははは（笑）。じゃれ合えるってこと？

あゆみ　そう。そういう風にじゃれ合える人がいいし、怒らない人がいいなぁ。

蘭　あとあゆみちゃんは押しに弱いよね（笑）。

あゆみ　そう。だから、すっごい私のことをすきって言ってくれる人。追いかけるのが無理だから。

蘭　そうなんだ。

あゆみ　だから、追いかけてくれないと、すぐに「フンッ」てなっちゃうなぁ。どんなにその人の性格が難ありでも、「すごいすきなんだよ！」って言われたら、たぶん「わかった」って受け入れちゃう。だから、タイプは、「わたしのことをすきな人」なんだよね。あとは生きる力が備わってる人がいいな……。無人島で生き延びられるような、頭がよくて強い人がいい（笑）。それと、好みが合うのも大事かな。

蘭　服装とかの好み？

あゆみ　う〜ん……。相手の服装はそんなにこだわらないけど、わたしのすきなものも一緒にすきになってくれる人がいいかな。

蘭　わたしは、何かに精通していて教えてくれる人ってすごいいいなと思うんだよね。カルチャーとか、わたしの知らない音楽、映画、ファッション……そういうことを教えてくれる人と付き合いたい。

あゆみ　それはわかる！ 自分が成長できるしね。二人でできることもいろいろと増えるから、自然と楽しみも増すよね。

蘭　もし趣味や好みが違ってても、認め合えればいいよね。嫌いなカルチャーだったらキツいけど（笑）。ただ、こういう人がいいなぁって思ってても、全然違う人をすきになっちゃうことってない？　すきになる時は、その人のいろんなことを知ってからすきになるの？

あゆみ　うん。わたしは知ってからかなぁ。

蘭　わたしは急にすきになっちゃうからなぁ。ある時突然。

あゆみ　急にすきになることもあるし、いろんなことを知ってすきになることもある。どっちかを選ぶとしたら、わたしはいろいろ知ってからすきになる人なんだよね。感覚的なもので、例えばその人の笑顔を見るとキュンとなるってこともあるけど、最終的には、性格とか考え方とか、その人のことをよく知ってる方がすきな気持ちに安定感があって。

蘭　あゆみちゃんってすごく冷静だよね。

あゆみ　現実的なんですよね。

蘭　わたしなら、100%、感覚的にすきになった方を選ぶなぁ。

あゆみ　アーティスト肌だねぇ。

蘭　……っていうか、今まで、そうやって選んだ結果、よかったことが多いので。男の人をすきになると、別れてもいいことしか起こらないの。今に至るまでが恋愛の結果。コラージュを始めたのは1年半くらい前なんだけど、当時の彼が美容師で、店を移転するから雑誌を捨てるっていうので、「捨てるなら、コラージュやりたいからちょうだい」って言って、それをもらって始めたのね。結果的にコラージュを始めたのはあの人のおかげ。そんなわけで、「人をすきになるといいことしか起こらない」って最近わかってきて。……でもだから結局別れているのかもしれない（笑）。あゆみちゃんは結婚願望強いよね？

あゆみ　うん。めちゃめちゃある！　すぐにでも結婚したい。わたし、一人で生きていくのが辛いって思っているんだよね。

蘭　寂しがり屋だよね？

あゆみ　うん。今までの人生の経験からそう思うのかな。実家を頼る人って結構いると思うけど、わたしはそれはできないって思ってるのね。でも一人で誰にも頼らず生きていくのは大変じゃない？　仕事は続けたいけど、病気したらどうしよう？とか思ってしまう。お互いに支え合えるような人と巡り合って安定したい願望が強いから。

蘭　あゆみちゃんの年でそう考えているとは……。わたしは、そもそも結婚って制度自体、無理があるんじゃないかと思ってて。「一生この人と一緒にいるって誓います」って嘘じゃない？って思っちゃうの（笑）。周りの人、結構、離婚しているし、人間って約束は守れないものだって証明しているようなもんじゃない？

あゆみ　確かにそうかもしれないけど、じゃあ、どうしたらいいのかな？

蘭　ちょっとバカにならないと結婚ってできないかも（笑）。気持ちが高揚してないとね。二人とも、どんな人と結婚するんだろうね？

あゆみ　うん。誰と結婚するんだろう？　ワクワクするね！

蘭　とりあえず私はときめきたいな（笑）。何かを超頑張ってる人と出会いたい。嫉妬するくらいすごいことをしている人。私も自然と高まっちゃうような。

あゆみ　いいね。

蘭　そういう人に出会うには、自分も高めないといけないから、今は自分を高める期間ということで大切にしたいな。

あゆみ　そうだね。仕事も恋愛も、お互いに頑張ろうね！

ABOUT TONDABAYASHI RAN

コラージュ、イラスト、ペインティングを中心に幅広い手法で作品を手がける今注目のアーティスト。猟奇的でかわいらしい刺激的なビジュアルは、木村カエラ、池田貴史（レキシ）はじめ、音楽アーティストやファッションブランドへも作品提供されている。本著制作では、コラージュ（p110-111）、イラスト（p65-87）で参加。

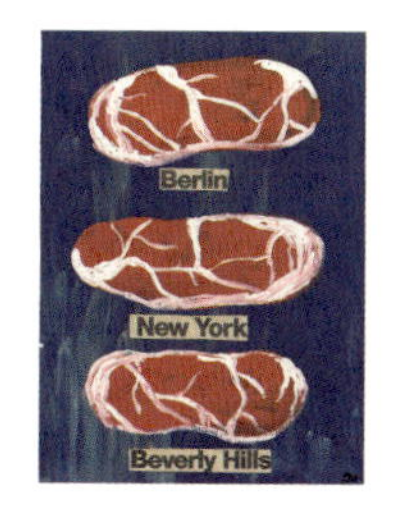

MESSAGE FR

「瀬戸あゆみ」という人間に、さまざまな影響を与え続ける大切な友達、
いつもお世話になっているスタッフさん方から
愛の込もったメッセージをいただきました！

アーティスト
とんだ林蘭さん

あゆみちゃんと初めて会った日の帰り道、わたしはなんだか無性にわくわくして気持ちが高鳴ってたのをすごく覚えています。あれはなんだったんだろう？ 恋？？？あゆみちゃんって特別な女の子だよね。またあそぼー

PUNK CAKE
kinjyさん

スタイルブック発売おめでとう！ 初めて会ったのはもう何年も前でアメリカンキッズな時だけど、今はその頃と変わらない芯がブレない人間性で、よりかっこいい大人になってる。まさにKIDS＋ADULTは今のあゆみだね。これからの飛躍もまだまだ楽しみにしてるよ！

ヘアメイク
高橋有紀さん

あゆちゃんの本のヘアメイクができて、とーっても嬉しかったです♡ モデルとしても、瀬戸あゆみという一人の女の子としても大好きです！ 中学生の頃から変わらずタイプです♡ またごはん会しようね♪

アーティスト・モデル
AYAさん

この度はスタイルブック発売おめでとうございます！ 正にタイトル通り、そんな言葉がぴったりの魅力を持った瀬戸ちゃん。ブレない芯の強さがとてもカッコイイです。瀬戸ちゃんに会うとものすごくオシャレをしてお出かけしたくなる！ 私達に刺激をくれる存在です。『KIDULT GIRL』熟読します♡

アーティスト・モデル
AMIさん

瀬戸ちゃん、『KIDULT GIRL』発売おめでとう！！ 何事にも真っ直ぐで自分のスタイルを持っている瀬戸ちゃんが大好き。これからも瀬戸ちゃんの発信する世界を楽しみにしています♡ また一緒にアメリカ行きたいね♡

WWDjapan
デジタルプランニング
福本沙耶さん

いつも周りの皆や、まだ出会わない瀬戸キッズ達も幸せにしてる瀬戸さん。同い年の誇りだし、人として尊敬してます。これから、お互いに仕事もプライベートも色んな事があるだろうけど、私が瀬戸さんの味方であることはずーと変わらないからいつでも頼ってね！ くじけそうになったら一緒にビール飲もうじゃないか！

モデル
るうこさん

誰よりも努力家でそれを表に出さない姿、私自身そうなりたいとずっと思っているので、尊敬しております。せとちゃんだけにしか作れないこの本を多くの方が手にとって、その方々がまた多くの夢を持つことになると思います。その中の一人でありたいし、近くで応援する一人でもありたいです！ 大好きです。これからもよろしくです！

モデル
中田クルミさん

モデル
AMOさん

子どもみたいに無邪気だったり、意外と乙女な部分もあったり、さっぱりとしたクールな一面もあったり、最近はグッと大人な表情をみせる瞬間もあったり…瀬戸の魅力を語り出せば、止まらないです♡ そこにいるだけでみんなが楽しくなる。そばにいてくれるだけでわたしはハッピーになる。これまでわたしは瀬戸に、どれだけのハッピーと、勇気と、刺激と、癒しを貰ったか、計り知れないよ。それにアンテナが敏感で、センスが抜群で、いつもキラキラなパワーとオーラを放ってる。こんなにオシャレな女の子、日本中を探してもなかなかみつからない。無限の魅力と可能性を持つスーパーガール！ 大好きなファッションアイコンであり、大切な親友であり、可愛くてしかたない妹。瀬戸との出逢いはわたしの人生の宝物です♡ 2冊目のスタイルブック、本当におめでとう♡

ミュージシャン
YOPPYさん

瀬戸ちゃん本！！！ 祝♡出版！ 本当におめでとうございます！ いつ会ってもかわいいのに、クールな対応の落ち着いた瀬戸ちゃんの大ファンです♡ いつ会っても、その服どこで買えるの？って質問しちゃうもん！！ 一冊でも多くの本が一人でも多くの人々に届きますように♡

カメラマン
MARCOさん

出逢った頃からブレない強さと、新しいものを受け入れるしなやかさを持っているあゆみちゃん。かっこいいよ！ 好きだよー！！

歌手
夏焼 雅さん

独特な自分の世界観をもっていて いつも新しい事を発信しているあゆみちゃん。同じ年齢だけどとっても尊敬してるし 憧れの存在でもあります♡ でもお仕事スイッチが切れた時のプライベートのあゆみんは、めちゃめちゃ乙女でキュートでかわいいな〜〜って思います♡！♡AYUMI

カメラマン
四方あゆみさん

あゆみちゃん、発売おめでとう^^今回ご一緒できて本当に嬉しいです♡ あゆみちゃんの世界観すごく好き！ またぜひ撮影させて下さい。

モデル
Baekさん

あゆみちゃん本発売おめでとうございます！*\(^o^)/* これからも応援しますー！ がんばってください！ またお茶いきましょー*\(^o^)/* じゃーね！

モデル
柴田ひかりさん

瀬戸さん♡『KIDULT GIRL』出版おめでとうございます！ キダルトって言葉瀬戸さんにぴったりです！ これからもお世話になります！ 大好きです♡

アーティスト・モデル
Unaさん

KIDULT GIRL 発売おめでとう〜！ 今の瀬戸ちゃんにぴったりなタイトル！！ 10代の頃に知り合って気づけばもう6年くらい！？ 当たり前だけど、同世代のメンバーが歳を重ねたんだなぁって最近よくしみじみしてます。KIDZだった瀬戸ちゃんも少しずつ大人になって、好きなものがブレない瀬戸ちゃんらしさに、今までとは違う魅力が出てきていて、素敵に歳を重ねているなぁと感じてるよ♡ 前々からの夢を掴んでAymmyがスタートして、Aymmyに関わる全ての事に真摯にまっすぐ取り組む姿に"瀬戸あゆみすげー！"って尊敬してるし、とても刺激をもらっています。モデルとしてデザイナーとしても、これからもっともっと活躍すると思うけど、責任感強くて真面目な瀬戸ちゃんをいつまでも応援してます！

OM FRIENDS

モデル
佐々木茜さん

あゆちゃん 一緒にたくさんの時間を共有してきて、そばにいられることがとても嬉しいです。すごく辛い時も、すごく楽しい時も、あゆちゃんがいてくれたからとても素敵な思い出になっています。いつもありがとう。これからも、たくさん一緒に思い出を作っていこうね。可愛くて強くて優しいあゆちゃんが大好きです！！！！♡

PUNK CAKE
mikkiさん

自分の好きなものにまっすぐなあゆみ。そのまっすぐさは多くの人のハートを動かしてるね。そう、人のハートを動かせるほどの魅力いっぱいの子。なにより愛がいっぱいなあゆみ。そしてわたしたちはアメリカ友達だね♡ らぶ xxx

Aymmyプレス
佐藤希映さん

Aymmyはもちろん、どんなことにも真剣に取り組む瀬戸ちゃん。すごいなーって感心する一方で、時々見せる抜けてるトコがまたと一ってもかわいい♡ 一緒にお仕事させてもらえて、とても嬉しく思っています！ いつもありがとう！！

Breakfast Clubメンバー
木下春菜さん

『KIDULT GIRL』おめでとう！ お疲れ様。最近10代の頃を思い出します。下北でみんなで遊んだことや、夜ずっと瀬戸と恋バナしたこととか…（笑）。お互い大人になりましたねえ…また女2人で温泉ドライブ行きましょう。

ミュージシャン
ハナエさん

軸がブレないまま進化し続け、ますますたくさんの女の子にハッピーを届けている瀬戸ちゃん。黒髪にグリーンの瞳の、いまの瀬戸ちゃんがほんとうに好きです！ 近々インスタ映えする朝ごはん食べにいこうね♡（笑）。スタイルブック発売おめでとう！

スタイリスト
カトウリサさん

瀬戸ちゃん、この度は新しい本の出版おめでとうございます！ スタイリング出来てとても嬉しいです。好きなカルチャーが一緒で、話すのがいつも楽しかったです。そしてそういうカルチャーを通って少女だった瀬戸ちゃんがどんどん面白くて素敵な女性に変わっていくのを、今回の撮影で感じました。これからもよろしくね！

今回、みんなが本当に聞きたいことにお答えしたくて、
Twitter、instagramで質問募集をしました！
真面目な質問からゆるっとした質問まで、ずばっと答えました！

FASHION

Q1. おすすめの古着屋さんや服屋さん教えてほしいです！
古着屋さんは、原宿のPUNK CAKE、KINSELLA、中目黒のGARDE-N703です。ほかは表参道のOPENING CEREMONY、渋谷のCANDYとSister、代官山のgrapevine by k3とかで買い物することが多いかな。ラフォーレ原宿のBATTY GARAGE BY AYMMYSも、もちろんおすすめです！

Q2. ファッションをすきになったきっかけって何ですか？
中学生の時ひねくれていて、人と違ったことがしたくて。周りが『Hana* chu→』を読む中、『KERA』を読んでました。

Q3. 瀬戸さんにとっておしゃれとは何ですか？
わたしにとってはアイデンティティ。自分はこういうものがすきな人間です、って、周りに言いふらしたいんだと思う。あとは自分を守る武器みたいなものかな？ ファッションが本当にすきな人って、案外自分に自信がないひとが多いと思う。

Q4. もし男に生まれ変わったらどんなファッション・ヘアスタイルをして、どんな行動をしてみたいですか？
VANSにキャップにチノパンでタトゥーをたくさん入れて、スケーターの格好をして、スケボーしてたいな……。あ、髪の毛は短髪がいいな。それでハイブリーチしたい。ちなみにタイプの男性像とかってわけではないです。若い男の子だったら、そういうふうなスタイルで友達に会ったら拳で挨拶とかしたい（笑）。

Q5. タトゥーは何か所入れてますか？ デザインにテーマはあるんですか？
手首と両肩に2つと二の腕の内側に1つ入ってます。特にテーマはありませんが、自分らしさは意識してるかな。これからどんなに大人になっても、今、自分を象徴するようなモチーフ、原点を忘れないように。でも、すべて線だけのブラック単色で統一しています。飽きがこないように、どんなジャンルのお洋服にも似合うようにね。それから、入れるなら、一生わたしはこれで生きていこうと決めた仕事（働かないなら恋人とか？）を見つけてからにした方がいいと思います。後悔のないように。

Q6. 前みたいなキッズファッションはもうやらないんですか？
最近、「大人っぽくなったね」と言われるのですが、わたしは特にこうしよう、とかって決めていません。すきなものが増えたなあとは思います。前は着ないようにしよう、って決めていたものがけっこうあったのですが、今はもっとフラットというか。黒い服や無地のシャツ、ヒールにセンタープレスのパンツ……わりとなんでも着ます。質問の“前みたいなキッズファッション”で言うところの古着のダボッとしたスウェットやアメコミT、ミニスカート、ツインテールも、変わらず大すき。だから、質問の答えは“NO”で、きっとこれからもやります。気分屋だから、注意深く見てると前と変わらず同じような格好の時ありますよ。でも、わたしも年をとっていくので、できたらこれからは“キッズファッション”とは言わないでほしいかな（笑）。

BEAUTY

Q7. 今ダイエット中なのですが……瀬戸ちゃんの体型が目標です！ これまでどんなダイエットしてきましたか？ 成功したもの、失敗したものどちらも知りたいです。
レコーディングダイエット、痩身エステ、ファスティングダイエット、半身浴。レコーディングダイエットはまあ痩せたけど、性格がマメじゃないから続かなかった。痩身エステは効くけど、それよりも日々の自分の努力が大事だし、お金がかかりすぎる。ファスティングはこの本の撮影の前3日に焦ってやったけど、意外と楽だったし、今度はちゃんと1週間くらいやってみたいな。半身浴はずうっと続けています。夜1時間、すこし熱めのお湯に入ってダラダラ汗を流す。お風呂に入る前と入った後で体重計に乗れば、どれだけ汗が出たかがわかる。体重が減れば、もちろん痩せる。見た目も細くなる。これ、リセットダイエットって呼んでたけど、一日に食べたり飲んだりした分を、夜半身浴で汗を出して体重をリセットする方法。そのまま寝ると朝、就寝中の発汗でまた体重が減っているんです。本当にストイックにやっていた時は、朝も入って、水分の量も調整していた。これがわたしの一番続いて、効果的だったダイエット方法です。

Q8. どうやって細い体型を維持してるの？
（Q7の答えの続きでもあるけど）でも、実は今はあんまり真面目にやっていない。だから前よりも体重も3キロくらい増えてます。今はもっと、健康的に、ストレスがあまりないやり方で痩せたいなあって。もっと食べるものに詳しくなって、体にいいものを自ら選択して食べて、たまにお酒のせいでしちゃう暴飲暴食を避けて、ホットヨガとか始めたい……。（遠い目）ハンバーガー、ピザ、コーラ、ビールとかが大すきなわたしには、すこし努力が必要です。これらを完全にやめることは地獄の中を裸で歩くくらい辛いことなので、無理だししたくないんです……よ。料理は大すきなので、忙しさを理由にあまりできていない自炊を頑張って、知識をつけて、計算高く体型維持していきたいなあ。とても正直に言うと、できたら前の体型に戻りたいです。

Q9. 前髪はもう伸ばさないの？
あ！伸ばしたい！！！ これを書いているのが、アメリカへ行く飛行機の中（2015年7月31日。日本時間で20：36。太平洋上空ぶっちぎり中）なのですが、今現在伸ばしたい気分。気分屋なので本当にしょっちゅう変わるんです。

Q10. 黒髪に変えたのはどうして？

これはねえ……ここでやっと言えるのですが、この本を出すことが決まった時、1冊目の『Ayumi Kidz』と大体同じ髪型で。髪型はショートボブだったし、ヘアカラーは赤だった。印象を変えたくて、どうしよーかなーとぼんやり思っていた時に、ハル・ハートリー監督の“シンプルメン”を観て、ボーダーを着てSONIC YOUTHで踊るあの子に感化されてしまいました。“あ、黒髪だけやったことない！”って。シンプルメンのエピソードはInstagramで書いたけど、もともとのきっかけは、本を作ると決まったこと。だからこの本の撮影の1日前に染めてもらったんです。

Q11. 歴代のあゆみヘアカラーで一番のお気に入りは？

いつもその時のカラーがすきだからそうしているし、飽きたら変えているわけだから、今のお気に入りは今のヘアカラーです。でも……思い返してみて強烈に印象に残っているのは、赤に毛先2cmくらいだけチェリーレッドを入れていた頃のヘアカラー。ボブの時の。次はどんなカラーにしようかなあ。

Q12. すきな香りやオススメの香水は何ですか？

バニラのあまーい香りがすきです。今使っている香水は、ローラメルシエのバニラと、SABONのバニラを、ローテーションで。お部屋の香りも柔軟剤も、すべてバニラの香りです。

OTHERS

Q13. あゆみちゃんの憧れの人、目標にしている人って誰ですか？

わたしの周りにいてくれる友達のことは、常にどこかしら尊敬しています。例えばAちゃんだったら、穏やかな笑顔やしゃべり方、センスや頭のよさ。違う方のAちゃんだったら決断力やこだわりの強さ、観察力。Bちゃんだったらその場を明るくし、いつでも周りを自分のペースに巻き込む不思議な魅力。Cちゃんだったら愛情深さ、社交性、手先の器用さ……。A、B、Cと自然に並びましたが、これ、実在する人物の頭文字です。なんだかわざとらしいので、もうひとり。Sちゃんの尊敬するところは、とにかく明るい。この子といると、友達は明るければ明るい方がいいなあと思います。彼女の人懐っこいところもすき。なんか一緒にいると癖になります。すきな人に対しては、わたしもこうありたい。とにかく、わたしが友達だなあと思っている人たちには、どこかしら強く尊敬している部分があります。

Q14. 一番楽しくて、わくわくすることって何ですか？

Aymmyのお洋服ができあがって、ルック撮影でモデルさんがかわいく着こなしてくれている時。心の中で（いや実際も）ガッツポーズします。

Q15. あゆみちゃんが一番大切にしてることって何ですか？

すきな人には急いですきと言うこと。

Q16. 壁にぶち当たった時、どうやって乗り越えてますか？

一人でいれないので、尊敬している友人たちに飽きるほど一緒にいてもらう。

Q17. 瀬戸ちゃんにとってターニングポイントはいつですか？

今思えば、中学生の時に原宿で初めて美容師さんにモデルハントされた時。これがきっかけで埼玉の女の子が原宿によく来るようになり、雑誌に載るようになり、事務所に入って、Aymmyというブランドを始めることができた。

Q18. もし道で瀬戸さんを見かけたら声かけてもいいですか？ プライベートだからやっぱりご迷惑ですかね……。

もちろん声をかけていただいて大丈夫ですよ！ ノーメイクの時は少々挙動不審だと思いますが……。

Q19. お部屋をおしゃれでいい感じにスタイリングする方法を教えていただきたいです！

統一することじゃないでしょうか。わたしは今、木目調の家具で統一したく、引越して早く家具を買い揃えたいです。

Q20. 生きているうちに1回は訪れたい場所はどこですか？

アフリカのサバンナ、映画“ザ・ビーチ”に出てくるあのきれいな島、ウユニ塩湖、モニュメント・バレー……。世界にはまだ見たことのない景色が満ち溢れている。まだまだ感動できる。

Q21. 出演してみたいな、と思った映画はありますか？その映画でどんな役を演じてみたいですか？

ベタかもしれませんが、“LEON”のマチルダ役は是非やりたいですね……。おじさまに寵愛されたり守られたりする役がいいです。あ、でも、“ゴッド・ヘルプ・ザ・ガール”のイヴもいいなあ。ああやって踊ったり歌ったりできればなあと心底憧れます。

Q22. 明日、世界が終わるとしたら、何をしますか？

え！？明日でしょ？ 今からハワイ行っても着く頃には世界終わるし……L.A.も遠いからなあ。どうしよう、沖縄の離島くらいなら行けるかな。でも同じこと考えて来る人多そうだな……。人混み苦手だし。あ、その前に空港なんて機能してないか。っていうか世界中で暴動起きてそう。だめだ、危険だ、家で静かに過ごそう。でもお腹空きそうだな。世界が終わるなんて……嫌だ。

Q23. 瀬戸ちゃんの初恋はいつですか？

5歳の時。幼稚園でママがかっこいいと言ったまさとくんに。

Q24. 自分のすきな部分と嫌いな部分は何ですか？

基本的には真面目です。そこがまあすきです。嫌いな部分は2つ以上のことが同時にできないこと。すきでもあるし嫌いでもあるのは、自分でも驚くほど気分屋なところです。

Q25. 10年後、どんな大人になっていたいですか？

家庭を持ち、朗らかで、強くて、健康で、料理の上手な女性。すきな仕事もしてる。

Insragsam Selection

センス抜群のスタイリング、撮り方、加工でおしゃれ写真満載の瀬戸ちゃんのinstagram。
その中でも特に反響が大きかった投稿をスタッフがセレクトしました。

いいね！5,315件
setoayumi Zipper AUTMN ISSUE NOW ON SALE! @zipperjp 連載【AYUMI TIMES】のテーマは秋のガールズキャンプ ゲストモデルは @rororuko

いいね！6,155件
setoayumi 久しぶりに3人で集まった夜。ベックが不在のSATURDAYSです。こうして何年も、お互いの誕生日を祝うことができてるって本当に幸せなことだな。これからもずっとずっと、大切にしたい人たち。。茜ちゃん、お誕生日おめでとう！

野菜を食べるカレー

いいね！6,336件
setoayumi この時のわたし、幸せそう。。。

Deus

いいね！4,809件
setoayumi YUM YUM.

Rosamunde Sausage Grill

いいね！5,701件
setoayumi HOT DOGにふさわしいTシャツ着てきた！GOOD MORNING GOOD NIGHTだよ

いいね！5,487件
setoayumi THANKS @yslb_jp リップにキスマークたくさん！ #yslリップ

いいね！8,504件
setoayumi

いいね！5,886件
setoayumi ベックがこのめがね気に入ってた。おそろいしよ かわいいやつや！

いいね！8,626件
setoayumi FUJIFILMのXA-2をゲットして、今日から使ってます。カメラ楽しいな〜！Tシャツはx-girlのGOONIESコラボ。

いいね！7,425件
setoayumi made a strawberry tarte by my self. 手作りタルトを生まれて初めてつくった🍓いまの時期いちごを手に入れるのが大変でした。

いいね！5,972件
setoayumi Zipperの連載のこと、ブログにまとめたので、見てくれたら幸です。

いいね！5,992件
setoayumi 展示会は今日まで！お菓子とお皿たちはうちから持って来てセッティング。カリフォルニアの形の木のプレート、やっと出番が来た！ #Aymmy15fallexhibition #ghosttown

いいね！5,592件
setoayumi この間のパジャマシューティングの準備時点でのようす。ヘアーは今回も @osakana_yuki さん🐟最高に楽しくてかわいい仕上がりになった。カメラマン @kinjy_eat_world さんお疲れ様でした！

San Francisco Peaks

いいね！4,091件
setoayumi MY DARLING FRIENDS💖

BATTY Garage BY Aymmys

いいね！5,204件
setoayumi 本日は、ラフォーレプライベートパーティにお越しいただきありがとうございましたｖわたしも秋の新作を着て店頭にいました！たくさんお客さんが来てくれて嬉しかったです！

いいね！7,828件
setoayumi 🍸

いいね！7,255件
setoayumi NIGHT WALKING WITH GIZMO

いいね！5,972件
setoayumi BEAUTIFUL BLUE

いいね！4,954件
setoayumi 青柳さんがほんとにきた

いいね！7,406件
setoayumi I love my red hair❤ Thank you, @veticatokyo

いいね！5,387件
setoayumi 毎日頑張れるのは、仕事のあとの🍺と美味しいご飯と友達のおかげです。いつもありがとう。明日も頑張りましょ。

KIDULT GIRL

記念すべき、ファーストシューティング！

直前までヨタヨタしてたのにバッチリ決めるプロ魂。

ローラースケート着用中の移動は一苦労（笑）。

ローラースケート
カメラマンMARCO参上！

お昼は瀬戸ちゃんの大すきなハンバーガー。

表紙の撮影はガレージで。

この光景、殺人事件みたい(笑)
byあゆみ

初日撮影チーム。
ポーズですきな国を表してます。

ビューティー扉で
湯船に浮かべたお花たち。

もちろんローラースケート履いたまま撮影。

本日は私服ページの撮影です！

撮影は全日、お天気に恵まれました！

OFF SHOT

ピクニックに訪れたかわいらしい女の子登場。

私服外ロケ撮影にて。カメラチェック中。

あまりに綺麗だった、
歩道橋から眺めた夕焼け……♡

みんなでわいわいランチタイム。

スタジオにて
巻頭撮影START！

実は背中側、とってもセクシーでした♡

写真セレクト中の真剣な横顔をパシャリ。

このカットをスノードームと合成しました。

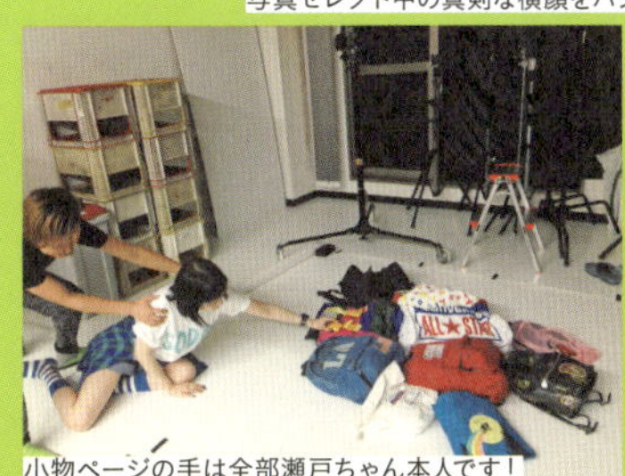

小物ページの手は全部瀬戸ちゃん本人です！

撮影を忘れてゲームに本気モード（笑）。

旅行記を一生懸命書いているところ。

対談当日。蘭姉ちゃんを撮りまくる瀬戸ちゃん。

自宅でも原稿チェック。
忙しい中頑張りました！

HS EDDY
389 BROADWAY
YORK, NY 10003
ne: 212-420-9020
ww.fishseddy.com
30076 User: ALH
4:06 pm Reg#: 3
Qt Price Total

IQUE ANSEL
BAKERY
189 SPRING STREET
NEW YORK, NY 10012
212-219-2773
INV: 1406001060
00000
POS2 KAREN Y
Lemonade (sm) 6/2/2014 5:34 PM
Cannele

LAZY OAF

ひとつ気になることがあると、
夜も眠れなくなる。

この本を作っている間に
何度も、自分のそんな性格に
嫌気が差したり、感謝したりした。

わたしのことを知って欲しくて、
初めて原稿を書いた。

後から後悔をしたくなくて、
何度も写真を差し替えた。

そんな、ひとつひとつのわたしの要望に
きちんと応じてくれたスタッフさん方に、
まずは感謝の気持ちを。

それからいつもそばで見守ってくれている
友人たちに。

そして、この本を手に取ってくれたあなたに。

あなたに、この本がなにか少しでも
いい影響を与えられますように。

ひとつのものをこうして作り上げるのは、
本当に楽しいものですねえ。

これからもなにか作っていきたい。

2015.10.24 AYUMI

camp got veggies? 50

NNERWARE
resented within 14 days
to take all m
ll be credited back to
days of purchase: afte
t paid to a merchan
an original receipt
ice in the form of a
returns without
ire government
(driver's
non-driver

HS EDDY
dishes.

Fette Sau
354 Metropolitan Ave.
Brooklyn, NY 11211
718 963 3404
www.fettesaubbq.com
open 5pm M-F 12pm SAT/SUN

-time price adjust
receipt is presented within 14 days of
TURN POLICY

tore
URBAN
Urba
Swe
(310) 260-266
rosecreamery.c
change or refund
rovided that you
rs store within 30
is that the item is
used, and in a resa
wever that we
me items for hygie
red in addition to y
rights.
the way, take a lo
TFITTERS.CO
utfitters Europe
arket Place
W1W 8AN

OCT

Signature Ayumi

STAFF

PHOTOGRAPHER
MARCO [SWEET TYPHOON]
AYUMI SHIKATA [ROOSTER]
MAYA KAJITA [E7]
YASUAKI AMAN [PEACEMONKEY]

STYLIST
RISA KATO

HAIR&MAKE-UP
YUKI TAKAHASHI

MODEL MANAGEMENT
SHOGO OTSUKA [ASOBISYSTEM]

WRITER
HIROKO KONO
MIKIKO OHASHI

DESIGNER
MAKIKO OHYAMA [CAELUM]

ILLUSTRATOR
RAN TONDABAYASHI [VOILLD]

EDITOR
TOMOMI SAKURAI

KIDULT GIRL

2015年11月7日　第1刷発行

著者　瀬戸あゆみ
発行人　蓮見清一
発行所　株式会社宝島社
〒102-8388 東京都千代田区一番町25番地
営業 03-3234-4621
編集 03-3239-0926
http://tkj.jp
振替 00170-1-170829 (株)宝島社
印刷・製本　図書印刷株式会社

Printed in Japan
ISBN978-4-8002-4711-7

SHOP LIST

Aymmy in the batty girls
(BATTY GARAGE BY AYMMYS ラフォーレ原宿) 03-6804-2134
Faline Tokyo 03-3403-8050
PUNK CAKE 03-6804-2215
PAMEO POSE 03-6840-5553
Katie 03-3496-4885
Jumpin' Jack's 03-3470-1499
Roretta's Room 03-3462-0220
GARDE-N 730 03-6303-2115
HARCOZA 03-6416-0725
Little Sunny Bite littlesunnybite.com